次世代医療経営

地域医療連携推進法人制度とCDM

著 公認会計士／德永 信　安田 憲生　金久保 貴子

税務経理協会

はじめに

　医療法の一部改正により「地域医療連携推進法人」認定制度が創設されました。

　我が国において進展しつつある少子高齢化社会に対応しうる医療と社会保障制度の確立は今後の大きな課題の一つとして議論されてきました。このような議論の中で、医療経営効率の改善と医療費の抑制により、将来にわたって日本の社会保障制度・医療制度を維持していくことが可能なシステムを設計していくことの必要性が認識されています。そのためには
- 医療従事者・医療機関等の医療資源の確保と有効活用。
- 質の高い医療活動を効率的に提供する制度の構築。
- 高齢化社会に対応した地域包括ケアシステムの確立。

を実現していくことが要求されます。

　その手段たる制度として、地域内の複数の医療機関が医療資源を共有し、効率的かつ質の高い包括的な医療活動を提供することを目的として「地域医療連携推進法人」認定制度が創設されました。第1章において本制度の概要について説明しております。

　また、この制度創設の背景に、少子高齢化社会への対応の一環として医業経営の効率化の視点が含まれていることは前述のとおりです。第2章では、この医療経営効率化の具体的な事例を紹介しています。医療経営の管理ツールとして開発された問診システムを実際に導入した病院における実務上の具体例を紹介・分析し、実際にどのように業務が効率化されたか、データがどのように活用されたか、さらに、医療経営におけるリスク管理への利用可能性について検

討しています。

　最後に「地域医療連携推進法人」認定制度は非営利型の法人による運営が前提とされていますが，我が国の医療法人の80％以上が出資持分の概念のある医療法人により構成されています。持分のある医療法人が本制度に参画するためには，今後持分のない医療法人へ移行する必要が有ります。持分有り法人から持分無し法人への移行に際して課題として考えられるのが税務上の取り扱いです。移行に際し税務上どのような問題があるのかについて検討しています。
　さらに，持分有り法人の税務上のもう一つの大きな課題である事業承継問題についても関連する税制の解説を行っています。第5章においては，法人移行や事業承継において活用が期待される「医療法人の持分にかかる相続税および贈与税の特例」について概要を説明しています。

　本書が関連する諸制度理解の一助となれば幸いです。

目　次

はじめに

第1章　地域医療連携推進法人制度
　　　　〜日本版IHNが日本の医療に与える変革〜 ……………1

1　地域医療連携推進法人制度とは ……………………………1
2　制度内容 ………………………………………………………9
　(1)　法人格 ……………………………………………………9
　(2)　参加法人（社員）………………………………………10
　(3)　組織構造・ガバナンス …………………………………13
　(4)　連携する地域・範囲 ……………………………………19
　(5)　地域医療連携法人の業務 ………………………………19
　(6)　効果 ………………………………………………………21
3　地域医療連携推進法人制度のモデル ………………………31
　(1)　IHNの目的 ………………………………………………32
　(2)　IHNの組織構造と特徴 …………………………………33
　(3)　IHNの具体例 ……………………………………………34
　(4)　アメリカのIHNと日本の地域医療連携推進法人制度の違い …………36
4　実効性のある地域医療連携に向けて ………………………37

▌第2章　事業価値を高める最新の医療経営
　　　　管理システムとその導入事例 ……………………… 43

▌1　事業価値を高める最新の医療経営管理システム
　　（NEC社のCDM）………………………………………… 43
▌2　済生会熊本病院での導入事例 ……………………………… 44
▌3　CDMの表面には見えてこない機能面 …………………… 54
▌4　医療の今後 ………………………………………………… 55

▌第3章　事業承継概論　持分あり医療法人から
　　　　持分なし医療法人への移行 …………………… 57

▌1　医療法人をまず知っておく ………………………………… 57
　⑴　出資持分のある医療法人 ………………………………… 58
　⑵　出資額限度法人（出資持分のある医療法人の一種）……… 58
　⑶　出資持分のない医療法人 ………………………………… 58
　⑷　基金制度医療法人（出資持分のない医療法人の一種）…… 59
▌2　出資持分あり医療法人と出資持分のない医療法人の
　　『持分』って何ですか？ ……………………………………… 59
　⑴　持分って何ですか？ ……………………………………… 59
　⑵　出資持分の『払戻請求権』 ………………………………… 59
▌3　出資持分あり医療法人の抱える課題 ……………………… 60
▌4　移　　　行 ………………………………………………… 60
　⑴　特定医療法人へ移行する際の課題 ……………………… 61

(2)　社会医療法人へ移行する際の課題 …………………………… 62
　(3)　出資持分のない医療法人へ移行する際の課題 ……………… 62
　(4)　基金制度医療法人へ移行する際の課題 ……………………… 62
　(5)　今のままの課題 ………………………………………………… 62
　(6)　出資限度法人へ移行する際の課題 …………………………… 62

第4章　医療事業承継に関係する税制の概要 …………… 63

1　法　人　税 ……………………………………………………… 64
2　所　得　税 ……………………………………………………… 66
3　贈　与　税 ……………………………………………………… 67
　(1)　贈与税の対象となる持分の移動 ……………………………… 68
　(2)　贈与税の概要 …………………………………………………… 71
4　相　続　税 ……………………………………………………… 74
　(1)　相続税の意義 …………………………………………………… 74
　(2)　納税義務者 ……………………………………………………… 75
　(3)　相続税課税財産・非課税財産 ………………………………… 75
　(4)　課税財産の評価「医療法人出資」の評価 …………………… 77
　(5)　相続税の税額計算 ……………………………………………… 78
5　持分の定めのある社団医療法人から基金拠出型
　　医療法人への移行 ………………………………………………… 80
　(1)　移行のメリット ………………………………………………… 80
　(2)　移行の問題点 …………………………………………………… 81
　(3)　移行の条件 ……………………………………………………… 81

第5章　医療法人の持分にかかる相続税およびび贈与税の特例 …… 83

1　制度の概要 …… 83
(1) 導入の趣旨 …… 83
(2) 制度の概要 …… 84
(3) 認定医療法人 …… 84

2　医療法人の持分にかかる経済的利益についての贈与税の特例 …… 86
(1) 概要 …… 86
(2) 猶予期限の確定 …… 87
(3) 納税猶予税額の免除 …… 87

3　医療法人の持分についての相続税の特例 …… 88
(1) 概要 …… 88
(2) 適用除外 …… 88
(3) 猶予期限の確定 …… 89
(4) 納税猶予税額の免除 …… 89
(5) 税額計算の具体例 …… 89

あとがき …… 91

引用文献 …… 93

第1章 地域医療連携推進法人制度
～日本版IHNが日本の医療に与える変革～

1 地域医療連携推進法人制度とは

　地域医療連携推進法人制度の趣旨を厚生労働省の資料から引用すると、「医療機関相互間の機能の分担及び業務の連携を推進し、地域医療構想を達成するための一つの選択肢として、地域医療連携推進法人の認定制度を創設する。これにより、競争よりも協調を進め、地域において質が高く効率的な医療提供体制を確保する」となっています。つまり、その地域内の医療機関同士が協力して連携を深め、地域医療を効果的かつ効率的に提供していくための新しい枠組みと解釈していただければと思います。

　推進法人制度は、2014年1月のダボス会議での安倍総理大臣のコメントや「日本再興戦略」改訂2014（H26.6.24閣議決定）で提唱されました。2015年6月の首相官邸から公表資料にも掲載され、2015年通常国会への法案提出が明記されています。更に同じく2015年6月に厚生労働省から発表された「保健医療2035提言書」でも保健医療分野での"統合"は提唱されており、この潮流は今後も続くことが予想されます。

　従来から地域医療連携の仕組み自体は存在し、地域内の医療機関同士が連携関係を構築する動きはありました。しかしながらこの推進法人制度は、一体的な経営方針のもと、「ヒト・モノ・資金」をより効率的に活用を目指して、従来より**深度ある**連携を目指したこと、病院のある地域の**雇用の創出**、地域医療

構想を通じた**地方創生**（p.6 colomn「メイヨークリニック ロチェスター：医療による地方創生の例」参照）までも視野に入れている点で，従来の医療連携とは性質を異にする制度であることが分かります。この制度の詳細な内容をp.9「2.制度内容」以降でご紹介します。

Question　どうして地域医療連携推進法人制度が必要なのでしょうか？

Answer

　地域医療連携推進法人制度が創設された背景には，急激に進行する日本の人口問題：高齢化の進展とそれを支えるための持続的な社会保障制度の確立の必要性が挙げられます。現在，日本が抱えている医療や社会福祉分野の問題の多くは日本の人口問題に起因するといっても過言ではありません。

　2025年に日本の国民皆保険（公的医療保険）制度は大きな転換点を迎えます。この年には，日本の人口構成の中の最大集団である団塊の世代（1947～49年生まれ）の全員が75歳以上，つまり「後期高齢者」になります。「2025年問題」という言葉は新聞やインターネット等で見聞きしたことがある方も多いかと思います。国民皆保険が今後も維持していけるよう，日本の医療制度は持続可能な形に変わっていく必要があります。そのためには医療従事者・医療施設等の確保及び有効活用を図ること，効率的かつ質の高い医療提供体制を構築すること，今後の高齢化の進展に対応した地域包括ケアシステムを確立すること等が必要になってきます。これらを達成する手段として，「競争より協調」し，複数の医療法人同士で医療資源を共有して効率的かつ質の高い包括的な医療を提供する地域医療連携推進法人制度が創設されました。

第1章:地域医療連携推進法人制度～日本版IHNが日本の医療に与える変革～

Question 今までの医療連携とどのように違うのでしょうか？

Answer

現時点でも医療連携を実施している事例は各地で見受けられます。では既存の医療連携と地域医療連携推進法人制度の異なる点はどこなのでしょうか？

以下に当該推進法人制度と既存の医療連携で異なる点を列挙します。

① 潮流が異なる医療機関同士の円滑な連携を可能にする制度であること

　今までも理事長とその同族関係者が社員又は理事の多くを占めるような医療法人間では，一つの意思決定のもと，適宜，事務職の交流や医薬品等の一括購入などその規模に応じて連携を進めながら，医療等の提供を進めている事例はありました。しかし同族関係が全くない医療機関同士で連携する事例は多くはありません。同族関係等に関わらず，潮流が異なる医療法人等の間でも幅広い連携が進むことを可能にしたという点で，既存の医療連携とは異なったものになっています。

② 特定の地域を<u>包括的に</u>カバーすることを目的とした制度であること

　現時点でも広範な範囲で展開している医療法人グループは存在していますが，これは複数の地域に収益性が期待される規模や機能を有する医療機関等を保有するものであり，地域全体をカバーするように包括的に医療機関を保有するものではありません。地域医療連携推進法人制度は，特定の地域において包括的に医療を提供することをその目的としており，法人運営の目的の点で既存の医療連携とは異なったものになっています。

③ より深度ある連携を可能にする制度であること

　地域連携パスなど，現時点でも複数の医療機関同士の連携を進めるため

の仕組みはいくつか設けられています。しかしながら，理事長とその同族関係者が社員又は理事の多くを占めるような医療法人同士などを除けば，人事交流や共同購入などまで踏み込んだ形での連携を図るケースは限定的です。医療法人の法人格の枠を超えてヒト・モノ・カネの活用を可能にする，より深度ある制度であるという点で，当該推進法人制度は既存の医療連携とは異なっています。

④ 比較的経営体力の乏しい中小法人同士の連携を可能にする制度であること

　経営基盤が堅固で比較的規模の大きな医療法人であれば，収益性が期待される医療機関の買収等を通じて事業規模を拡大していくことは可能です。しかし，経営基盤が盤石ではなく比較的規模が小さい中小法人が買収等を通じて事業規模を拡大していくことは困難です。そのような中小法人同士がお互いに人材や資金面等で支えあいながら地域の医療介護体制を守りつつ，事業範囲を広げうる点で今までにない制度になっています。

> **Question** 医療法人の組織再編（合併や事業譲渡）と比較した場合，地域医療連携推進法人制度にはどのようなメリット・デメリットがありますか？

Answer

　医療法人を集約する方法として医療法人同士の「合併」「事業譲渡」が考えられます。地域医療連携推進法人制度を活用した医療法人の集約と合併・事業譲渡による医療法人の集約では，どのようなメリット・デメリットが生じうると想定されるのかを考えてみましょう。

第1章：地域医療連携推進法人制度〜日本版IHNが日本の医療に与える変革〜

【地域医療連携推進法人制度 vs 合併，事業譲渡】

	推進法人制度	合　　併	事業譲渡＋解散
法人格	医療法人格は存続	合併医療法人の法人格→存続 被合併医療法人の法人格→消滅	医療法人格は消滅（事業譲渡後に解散する場合）
経営方針	統一的な連携方針に則って各医療法人が各々の経営方針で活動	組織が一体化するため，合併医療法人の経営方針に準拠	事業譲渡先の医療法人の経営方針に準拠
権利義務の承継	個々の法人格は残るため，権利義務の承継の論点は生じない。	被合併医療法人が有する権利義務を包括的に合併医療法人が承継	契約に基づき権利義務を承継（※2）
病院等の開設許可	不要	新規の開設許可は不要	廃止届及び新規の開設許可が必要（※1）
課税関係	資産の譲渡や組織再編行為は発生しないため，課税関係は生じない。	税法上の適格合併の要件を満たせば，被合併法人の譲渡した資産の譲渡益に対して課税は行われない（課税の繰り延べ）	事業譲渡は，税法上，資産の売買に該当するため，課税される。
組織風土	各医療法人の法人格を残したまま，連携関係を構築するため，各医療法人の組織風土を残すことが可能。しかし実効性のある連携関係の醸成のためには，理念の共有が必要	組織が一体化するため，組織風土が融合しうる。ただし組織風土の違いから対立を生じる可能性もある。	事業譲渡＋解散により，合併に準じた影響が生じる。

（※1）　病床過剰地域において，病院等の開設者に変更があった場合でも，その前後で病床の種別ごとの病床数が増加されないときは，都道府県知事の勧告は行われません。上記表のように，事業譲渡や合併は，届出や手続が煩雑だったり，課税関係を熟慮したりする必要があります。地域医療推進法人制度は，既存の医療法人の法人格を維持したまま，複数の医療法人間の連携を図る制度であるため，そのような手続の煩雑さや課税関係についての検討が省けます。

（※2）　契約に基づいて権利・義務の承継が行われるため，個々の契約ごとの検討・契約の再締結が必要になります。例えば，薬剤の仕入のため，5社の医薬品卸と契約を締結していたと仮定しましょう。合併であれば，権利義務関係は包括的に合併法人に引き継がれるため，この5社との契約関係も合併法人にそのまま継承されます。しかし，事業譲渡の場合は，個々の契約ごとに検討が必要で，5社それぞれについて契約を検討し，取引関係を継続するのであれば，事業を引き継いだ法人と取引先との間で改めて契約を交わしなおさないといけません。医療法人と取引のある業者は多岐にわたると考えられるため，事業譲渡＋解散の手法を採用する場合は，実務上，膨大な手続が生じる場合があります。

Column メイヨークリニックとロチェスター：医療による地方創生の例

　ロチェスターは，アメリカ中西部に位置する人口10万人ほどの地方都市です。しかし，この街は世界的に有名なメイヨークリニックの本部が置かれている都市として有名です。メイヨークリニックは，世界的に著名な総合病院・研究・教育機能を併せ持つ医療機関です。年間約130万人の患者が，全米はおろか世界百数十ヵ国からメイヨークリニックを訪れます。ロチェスターの経済と雇用は，メイヨークリニックを始めとする医療関連産業とハイテク産業によって支えられています。70医療機関のアライアンスが組まれ，その事業規模は約1兆円（2014年度のTotal Revenueは9,760.6百万ドル）と，日本の東証一部上場企業並みかそれを凌ぐ経済規模を誇っています。また医療関連で創出されている雇用数は，ロチェスターの人口の半分を上回る約6万人とも言われています。それ故に「医療による地域振興の

例」として取り上げられることも多く，厚生労働省が作成した地域医療連携推進法人の資料でも医療連携の具体例として取り上げられています。まさに医療によって「雇用を創出」し，医療によって「街全体を支え」ている事例に相応しい都市の一つと考えられます。

Column　保健医療2035

　「保健医療2035提言書」とは，2015年6月に厚生労働省から発表された提言書で，2035年時点の日本の医療の目標やビジョンを示したものです。海外にも発信され，世界的に著名な医学雑誌：Lancetの2015年6月号にも掲載されました。「保健医療2035提言書」の概論は次頁のとおりです。

　「①保健医療の価値を高める」「②主体的選択を社会で支える」「③日本が世界の保健医療を牽引する」という3つのビジョンを柱に，それらのビジョンを達成するための基盤として5つの施策が提示されています。この「保健医療2035提言書」の中でも「関係するサービスや専門職・制度間での価値やビジョンを共有した相互連携を重視し，多様化・複雑化する課題への切れ目のない対応をする時代への転換」ということで連携を推進する旨がうたわれています。日本の医療分野が連携・統合の潮流に進んでいくことは明瞭です。また保健医療の価値を高めるため，地域主体でその特性に応じて保健医療を再編する旨も提唱されており，将来の医療は，地域単位で構想し，構築していくことになるでしょう。

保健医療 2035 / JAPAN VISION HEALTH CARE 2035

GOAL
目標

人々が世界最高水準の健康、医療を享受でき、安心、満足、納得を得ることができる持続可能な保健医療システムを構築し、我が国及び世界の繁栄に貢献する。

PRINCIPLES
基本理念：新たなシステム構築・運営を進めていく上で基本とすべき価値観・判断基準

公平・公正（フェアネス）　　自律に基づく連帯　　日本と世界の繁栄と共生

VISION
2035年の保健医療が実現すべき展望

1 LEAN HEALTHCARE
リーン・ヘルスケア
保健医療の価値を高める

2 LIFE DESIGN
ライフ・デザイン
主体的選択を社会で支える

3 GLOBAL HEALTH LEADER
グローバル・ヘルス・リーダー
日本が世界の保健医療を牽引する

INFRASTRUCTURE
ビジョンを達成するための基盤
〔横断的な手段、体制、リソース〕

- イノベーション環境
- 情報基盤の整備と活用
- 安定した保健医療財源
- 次世代型の保健医療人材
- 世界をリードする厚生労働省

第1章:地域医療連携推進法人制度〜日本版IHNが日本の医療に与える変革〜

　この意見書には,要点を集約してまとめたＡ４で10ページ程度の要約版も発表されています。「保健医療2035提言書」は,近い将来の日本の医療が目指すところを考えてみる良い指針になるでしょう。下記に参照リンクを掲記いたします。

＜保健医療2035 web link＞
http://www.mhlw.go.jp/seisakunitsuite/bunya/hokabunya/shakaihoshou/hokeniryou2035/

2　制 度 内 容

この節では,推進法人制度の内容をご紹介いたします。

【Summary】
- 地域医療連携推進法人:一般社団法人を前提　都道府県知事の認可制
- 参加法人:医療法人その他の非営利法人（非営利性が前提）
- 組織構造:議決権は原則として一社員一議決権　参加法人は地域医療連携推進法人に「参画」　外部への情報開示が必要
- 連携範囲:地域医療構想区域が基本
- 地域医療連携推進法人の主な機能:統一的な連携推進方針の策定
- 効果・メリット:病床機能の分化,医療人材の活用・育成,医療介護の効率化,医療資源の共同利用,資金供給,経営の安定化

(1) 法 人 格

　地域医療連携推進法人の法人格は,医療法人等を社員とする社団型を基本とし,一般社団法人になることが想定されています。

　社団たる医療法人が,医療法人全体の大多数を占めているため（平成27年3月末現在では,全医療法人のうち約99.2％が社団たる医療法人）,まずは社団型を前提とし,財団型は,社団型の実施状況等をみながら検討することになっ

ています。地域の医療機関等を開設する複数の医療法人その他の非営利法人の連携を目的とする一般社団法人のうち，都道府県知事が認可したものが，地域医療連携推進法人となります。

> **Column** 社団法人と財団法人とは何でしょうか？
>
> ◆ 社団法人：ある目的を持った人の集まりに法人格が与えられたものです。
> 　目的を持った人の集まりには，身近な例として自治会，同窓会，業界団体などなどたくさんあります。ところが，これらはただ人が集まっただけなので，独立した法的主体になれません。
> 　つまり，その集団が集団の名義で土地を所有したり，誰かと契約したりできないのです。もし，仮に町内会が新しく集会所を建てたいときには町内会の全員の名前で契約をすることになります。これでは煩雑です。ですので，この集団に独立の主体としての権利＝法人格という立場を与えるのです。
> 　こうすれば，町内会は社団法人となり町内会という名義で集会所建設の契約ができます。
>
> ◆ 財団法人：提供された財産の集まりに法人格が与えられたものです。
> 　人の団体ではなく，財産の集まりに法人格を与えたものです。財団法人の場合，財産自体に法人格が付与されますが，財産自身が自分で契約をすることはできないので，理事が財産を代理して契約するという形をとります。

　なお，医療法人の場合，社団型も財団型もどちらも設立することができます。

（2） 参加法人（社員）

　社員とは，社団医療法人の構成員をいいます。地域医療連携推進法人の参加法人の範囲は以下の通りになります。

第1章:地域医療連携推進法人制度〜日本版IHNが日本の医療に与える変革〜

必　須	医療法人その他の非営利法人
参加可能	介護事業その他地域包括ケアの推進に資する事業のみを行う非営利法人も参加法人とすることができる。

　推進法人は,連携地域範囲内における病院,診療所又は介護老人保健施設を開設する複数の医療法人その他の非営利法人を参加法人とすることを**必須**としています。その他,推進法人に参加可能な法人として,『推進法人の定款の定めるところにより,事業地域範囲内で介護事業その他地域包括ケアの推進に資する事業のみを行う非営利法人』が挙げられています。

　地域医療連携推進法人の**非営利性を徹底**するために,営利法人や営利法人を主たる構成員とする非営利法人を社員とすることは禁じられています。また親族等の就任制限要件を設けることとなっています。

Question
地域医療連携推進法人の非営利性とはどのような意味なのでしょうか?

Answer
地域医療連携推進法人の非営利性は,以下の方法で確保されます。
- 剰余金の配当金禁止
- 解散時の残余財産の帰属先を行政等に限定すること
- 営利法人や営利法人を主たる構成員とする非営利法人を社員とすることを禁止

　医療法人の剰余金の配当禁止は,従来から医療法人に対して課されていたことであり,目新しいことではありません。また残余財産の帰属先を行政等に限定するのは,持分なし医療法人と同様の取扱いになっています。このように地域医療連携推進法人の非営利性の確保方法は,今までの医療法人に対して求められていた非営利性の確保方法と大きく変わるわけではありません。

Question 個人での連携法人への参加はできますか？

Answer

　法人格を持たず，個人で開業している先生が推進法人へ参画することは，現時点では想定されていません。推進法人内のガバナンスの観点から，"個人"は馴染まないこと，推進法人制度自体が，医療**法人**同士の連携を強化する趣旨の制度であることがその主な理由のようです。ただし，個人開業医の先生が推進法人と制度**外**で協力して，地域包括ケアの推進に関与する方法が一つのモデルとして検討されています。

Question 地域医療連携推進法人は非営利ということですが，この推進法人には，持分なし医療法人でないと参加できないのでしょうか。それとも持分あり医療法人でも参加できるのでしょうか。

Answer

　参加しうる法人は，持分なし医療法人に限るとは明記されていません。しかし持分あり医療法人の形態で参加した場合，連携後も持分に対する残余財産分配請求権は引き続き存在しますので，持分の払戻等が生じた際に，特定の個人の経済的利害関係が生じ，その医療法人の経営自体に影響を及ぼす可能性は依然として残ることになります。

第1章：地域医療連携推進法人制度〜日本版IHNが日本の医療に与える変革〜

地域医療連携推進法人制度は，医療法人，社会福祉法人，その他の非営利の法人等，様々な形態の法人が参加するケースも想定されています。例えば社会福祉法人は非課税になっていますが，このグループに入れば，医療法人も非課税扱いになるのでしょうか。

Answer

仮に社会福祉法人を含むグループ加入したとしても，そのグループに加入する医療法人も非課税扱いになることは想定されていないようです。

(3) 組織構造・ガバナンス

地域医療連携推進法人制度の組織構造を示すと以下のようになります。

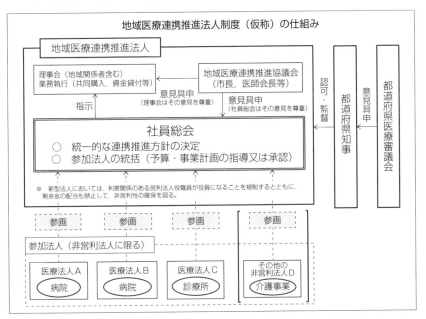

p.13の図にあるように，地域医療連携推進法人は，複数の医療法人を取りまとめる役割を担います。当該推進法人のガバナンスを考える上での留意点は以下のとおりです。

- ◆ 議決権は原則<u>社員各一個</u>です。提供した金銭その他の財産の価額に応じて異なる取扱いをすることは禁じられています。ただし不当に差別的な取扱いをしない等の条件で，定款により別途定めることが可能とされています。
- ◆ 各参加医療法人は，推進法人に『参画』という形で参加します。
- ◆ 推進法人は，参加法人の重要事項について，意見を聴取し，指導又は承認を行うことが可能です。
- ◆ 推進法人の認定・同法人の理事長の選任等重要事項は都道府県知事の認可が必要です。
- ◆ 推進法人は，地域医療連携推進協議会の意見を尊重することになっています。
- ◆ 推進法人は，透明性確保のため，情報開示が必要になります。公認会計士等による外部監査の実施やホームページ等への財務諸表の公告，関係当事者との関係の報告，事業報告等の閲覧が義務になります。

Question 「参画」とは具体的にどういうことなのでしょうか？

Answer

「参画」が具体的にどのような方法を想定するかは，今後詳細が決まってくるものと思われます。しかし地域医療連携推進法人に「参画」する際には，少なくとも医療連携に対する理念や方針を共有することが必要になってくると考えられます。

第1章：地域医療連携推進法人制度〜日本版IHNが日本の医療に与える変革〜

Question 地域医療連携推進法人が参加法人を統括する方法はどのようになりますか？

Answer

推進法人が参加法人を統括する方法としては，推進法人が参加法人に対して「意見聴取・指導」といった一定の関与，あるいは「協議・承認」といった強い関与が考えられ，その2つを事項ごとに選択できるようにすることが想定されています。

Question 地域医療連携推進協議会とはどのようなものでしょうか？

Answer

地域医療連携推進協議会（以下"推進協議会"と表記します）とは，地域医療連携推進法人内に設けられ，地域の関係者（市長，医師会長等）から構成される組織です。推進協議会は，地域関係者の意見を法人運営に反映させるために設けられ，推進法人の理事会は，推進協議会の意見を"尊重"しなければならないとしています。

Question どのような組織が地域医療連携推進法人の創設を主導すると想定されていますか？

Answer

どのような組織が地域医療連携推進法人制度の中核を担うのかはまだまだ議論が必要な論点ですが，以下のような3つのモデルが提示されています。地域によって置かれた状況は異なりますので，具体的には地域の特性に応じた取扱いが必要になると考えられています。

活用モデル例	具体例
自治体中心型	▪ 都道府県や市町村がその区域内の医療法人，社会福祉法人等に呼びかけて創設 ▪ 自治体が中心となって，医療法人等の横の連携を高めることで，地域医療構想，医療計画，介護保険事業計画などとの整合性を持ちつつ，病床機能の再編，地域包括ケアシステムの構築等を円滑に進めることが期待される。 ▪ 必要に応じて，自治体が出資したり，自治体の幹部を理事にしたりするなど，適宜，関与することも可能
中核病院中心型	▪ 地域の社会医療法人，大学付属病院を経営する法人など急性期医療等を担う中核的な医療法人等が，回復期や在宅医療を担う医療法人や介護を担う社会福祉法人に呼びかけて連携 ▪ 地域の中核病院が中心となることで，回復期や在宅医療の基盤が弱い場合は，中核病院の信用力を元に資金を確保してそこに投資するなど，地域の効率的な医療提供体制を構築することを期待
地域共同設立型	▪ 都道府県医師会や地区医師会が中心となって，その区域内の医療法人，社会福祉法人等に呼びかけて創設 ▪ 医師会が中心になることで，現在，医師会が中心的に進めている在宅医療・介護の連携の更なる促進や，共同購入や医療機器の共同使用等による中小医療法人の経営の効率化，経営の厳しい医療法人の支援や受け皿としての機能を期待 ▪ 自治体も巻き込むことによって，自治体からの出資などの支援を受けることも可能

　例えば，岡山では岡山大学附属病院を中核として，近隣病院を包含した岡山大学メディカルセンター（OUMC：Okayama University Medical Center）の構想が進められています。

　「国際レベルのメガホスピタルを創出し，県外およびアジア等海外からも患者を受け入れる医療事業の核とするとともに，日本のサービスを海外へ輸出する拠点とする」ことを掲げています。OUMCの構想案をご参考までに掲載します。

第1章：地域医療連携推進法人制度～日本版IHNが日本の医療に与える変革～

岡山大学メディカルセンター構想の概要

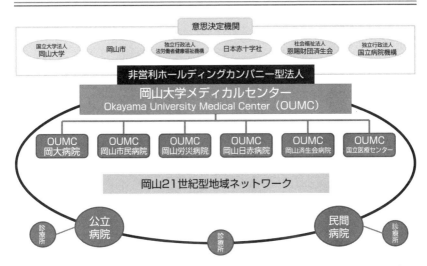

（平成26年3月28日産業競争力会議資料より抜粋）1

（参考） 岡山大学メディカルセンター（OUMC）設立手順の一例

① 法人設立
　大学法人が中心となり，OUMCを設立することを目的として，新設法人（非営利ホールディング型法人＝(1)非営利法人が法人として社員となれる，(2)議決権配分を定款で規定，(3)医療介護事業等を営む営利法人への出資，等が可能な法人）を設立する。
　附属病院に係る資産については，(1)新設法人に基金として拠出する，(2)新設法人に有償譲渡する，(3)新設法人に賃貸する等の方法が考えられる。
　この段階では、大学法人が新設法人の唯一の社員となる。

② 協定締結
　大学法人から組織上分離された病院を大学附属病院としてみなすための措置を講ずる。たとえば，岡山大学とOUMCとの間で，教育・研究活動を担保するために必要な協定の締結および当該協定に対する認証を想定。

　OUMC設立後も大学における教員と病院における医師を兼任することになるため，大学における専任教員かつ病院における常勤医として認められる措置も必要。

③ 各病院の提供・社員承認
　①で新設した法人に，対象の各病院の開設者である各主体が社員として参画していく。新設法人の社員を増やす際には，社員総会の決議により行う。社員間の議決権割合について，定款に記載する。
　職員については，新設法人への移籍を原則としつつ，経過措置として，新設法人への出向という方法も考えられる。

| Question | 地域医療連携推進法人で発生するコストの負担はどうなりますか？ |

Answer

　推進法人事務局の人件費，事務室の賃借料，社員総会の開催経費等，いわゆる本部経費を参加法人が会費等として負担することが想定されています。また共同研修や共同購入等の共通事務にかかる経費については，参加法人が委託料として負担することが想定されています。

| Question | 地域医療連携推進法人への加入・脱退はどのように行われるのでしょうか。推進法人に加入し，その後，状況が変わり脱退する必要が生じた場合に，脱退しうる余地は十分に保障されているのでしょうか。 |

Answer

　地域医療連携推進法人への加入・脱退は，いずれも任意に可能とされています。しかし脱退時には，状況により考慮すべき事項があるケースがあります。以下に加入・脱退時の取扱いを掲記します。

加入	加入要件は，各推進法人の定款等で定めることが可能とされています。加入は任意とされています。
脱退	脱退要件も，各推進法人の定款等で定めることが可能とされています。加入と同様，脱退も任意です。 　なお，推進法人内での資金融通を受けている場合には，その資金の清算等に留意することが必要です。その他，地域医療連携推進法人が金融機関から借入を行い，グループ内法人がその連帯保証を行っている場合などには，債権者である銀行と同意する必要があるため，実質的に推進法人から脱退することが難しくなることが考えられます。

第1章:地域医療連携推進法人制度〜日本版IHNが日本の医療に与える変革〜

> **Question** 地域医療連携推進法人自身が病院等の経営を行うことは可能でしょうか?

Answer

地域医療連携推進法人自身による病院等の経営は,都道府県知事が認可した場合に認められています。その際には,主たる業務である統一的な連携推進方針の決定等の業務に支障のない範囲内であることが求められます。

(4) 連携する地域・範囲

連携する地域・範囲は,**地域医療構想区域を基本**として,地域において医療サービスを提供するのに適当な範囲を地域医療連携推進法人が定め,都道府県知事が認可する範囲になります。地域医療構想区域とは,現在の二次医療圏(344圏域)を原則とし,将来(2025年)における①人口規模 ②患者の受療動向 ③疾病構造の変化 ④基幹病院へのアクセス時間等の要素を勘案して都道府県が柔軟に設定するものとされています。現状では地域の医療提供体制にかかわる医療機関が様々であることをふまえると,一律に地理的活動範囲を定めることは困難であると考えられています。

(5) 地域医療連携法人の業務

地域医療連携法人は,その地域医療連携内でいわば"調整役"の役割を担います。地域医療連携推進法人の業務は多岐にわたりますが,最も重要な業務は『統一的な連携推進方針(医療機関相互間の機能の分化,業務の連携の方針等)を定めること』です。複数の医療機関を取りまとめる立場として,活動の基本方針である統一的な連携推進方針の策定は,何よりも重要な事項です。またこの統一的な連携推進方針は,その地域の地域医療構想との整合性を確保しなければなりません。また同時に,非営利性を確保した連携推進方針であるこ

とも大切です。この重要な統一的な連携推進方針を土台として，詳細な連携方法・範囲を定めていきます。下記のイラストをもとに同法人が担う業務とその効果・メリットを見ていきましょう。

地域医療連携推進法人（仮称）設立の効果・メリット（イメージ）

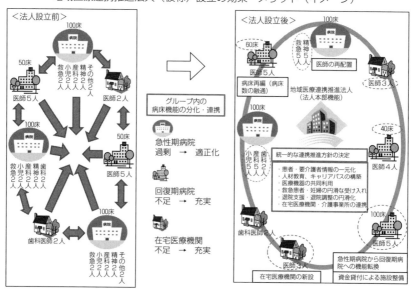

ヒト	・医療人材の活用・人材育成
モノ	・医療資材の共有（地域内の薬剤共同管理，共同購入，高額医療機器の共同利用）
カネ	・資金供給 ・経営の安定化
IT	・医療行為の効率化（患者要介護者情報の一元化）
サービス	・病床機能の分化・連携 ・円滑かつ包括的な医療サービスの提供（救急患者・妊婦・退院・退院調整）

(6) 効　　果

(5)で紹介した地域医療連携法人の業務内容をもとに，地域医療連携法人が創設されることにより，どのような効果・メリットがあるかを考えてみましょう。

■ 統一的な連携推進方針の決定

統一的な連携推進方針が制定されると，全体としての方針にブレがなくなり，整合性のある医療連携関係の構築が図られます。統一的な連携推進方針の内容として，医療機関相互間の機能の分化及び業務の連携に関する事項は必須とされています。

■ 病床機能の分化・連携

地域医療連携推進法人のもと，グループ内の診療科目・病床機能の再編が可能になります。推進法人制度の創設に合わせて，連携推進方針に沿った機能の分担及び業務の連携を円滑に進めるため，グループ内における病床再編の医療計画上の取扱いについては特例を設けることが検討されています。すなわち，「地域医療連携推進法人の参加法人に係る病院等の病床の再編において，病床過剰地域であっても，地域医療構想区域を基本とした地域における病院等の間での病床の融通を認める基準病床数の特例を設ける」ことが検討されています。

Column 病床機能報告制度（速報値が発表されました）

　平成26年度から病床機能報告制度がスタートしました。病床機能報告制度とは，医療機関が担っている医療機能を病棟単位で都道府県に報告する制度で改正医療法に基づいています。医療機能は，①高度急性期　②急性期　③回復期　④慢性期の4種類に区分されます。平成26年に実施された調査では，(1) 平成26年7月1日時点の医療機能　(2) 6年が経過した日における医療機能　(3) 2025年（平成37年）7月1日時点の3つの時点における医療機能の状況が報告されました。この度，平成26年度に実施された病床機能報告制度の結果の速報値が発表されました。この調査結果によりますと，従来の一般病床では急性期の区分を選択した病床数が最も多く，療養病床では，慢性期の区分を選択した病床数が最も多くなっています。病床機能の推移を時系列で前述の3時点で比較してみても病床機能の大幅な変更はあまり生じないように見受けられます。

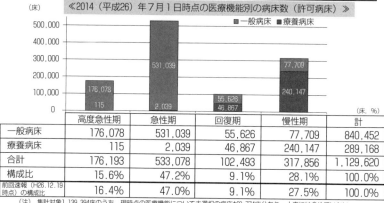

病床機能報告制度における機能別病床数の報告状況【速報値（第2報）】

	高度急性期	急性期	回復期	慢性期	計
一般病床	176,078	531,039	55,626	77,709	840,452
療養病床	115	2,039	46,867	240,147	289,168
合計	176,193	533,078	102,493	317,856	1,129,620
構成比	15.6%	47.2%	9.1%	28.1%	100.0%
前回速報（H26.12.19）時点の構成比	16.4%	47.0%	9.1%	27.5%	100.0%

（注）集計対象1,139,394床のうち，現時点の医療機能について未選択の病床が9,774床分あり，上表には含めていない。

第1章:地域医療連携推進法人制度～日本版IHNが日本の医療に与える変革～

≪6年が経過した日における医療機能の予定別の病床数(許可病床)≫

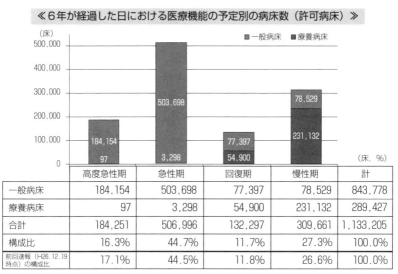

	高度急性期	急性期	回復期	慢性期	計
一般病床	184,154	503,698	77,397	78,529	843,778
療養病床	97	3,298	54,900	231,132	289,427
合計	184,251	506,996	132,297	309,661	1,133,205
構成比	16.3%	44.7%	11.7%	27.3%	100.0%
前回速報(H26.12.19時点)の構成比	17.1%	44.5%	11.8%	26.6%	100.0%

(注) 集計対象1,139,394床のうち、6年後の医療機能について未選択の病床が6,189床分あり、上表には含めていない。

≪2025(平成37)年7月1日時点の医療機能の予定別の病床数(許可病床)≫
(注) 本項目は、任意の報告項目であり、報告のあった病床分のみ、下表に記載している。

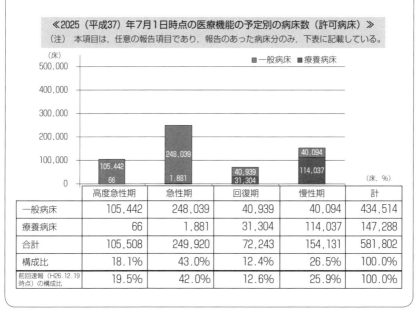

	高度急性期	急性期	回復期	慢性期	計
一般病床	105,442	248,039	40,939	40,094	434,514
療養病床	66	1,881	31,304	114,037	147,288
合計	105,508	249,920	72,243	154,131	581,802
構成比	18.1%	43.0%	12.4%	26.5%	100.0%
前回速報(H26.12.19時点)の構成比	19.5%	42.0%	12.6%	25.9%	100.0%

■　医療人材の活用・人材育成
　・　医療人材の配置・多様なキャリアパスの構築

　　　医療法人単位で経営を行っている場合，医師・看護師の方々を始めとする医療従事者の人事は，主にその医療機関内での配置転換等で行われてきました。勤務先の医療法人の規模にもよりますが，この場合，選択肢が勤務先の医療法人等に限られてしまいます。勤務先の医療法人で希望するポストやキャリアパスが無いことは，医療従事者の離職のきっかけにもなりかねません。地域医療連携推進法人制度では，グループ全体での採用活動やグループ内の医療法人同士での医療従事者の人事交流が想定されています。このことは医療従事者の方々に多様なキャリアパスの機会を提供することにもなります。例えば，救命救急の技術を習得したいと思っている先生が，救命救急の部門を有するグループ内の急性期病院で経験を積むことで希望するキャリアを築く機会を得られます。また家庭内の事情で一時的に労働時間をセーブせざるを得ない医療従事者の方が，一定期間，労働時間をおさえた働き方のできるポストに異動することにより，貴重な人材がグループ内に留まれる機会を作ることも可能になります。

　・　人　材　教　育

　　　人材教育についても，推進法人制度のメリットを見出すことができます。個々の医療法人で人材育成のための研修に投資することには限界があり，研修コストの負担は小さいものではありません。人材育成のための研修をグループ内の医療法人で共同して実施するとしたらどうでしょうか。複数の医療法人で研修費用を負担するため，個々の医療法人の負担は軽くなるケースもあるでしょう。また研修に当てられる資金が増加するため，今までより多様な研修制度を準備することができます。更に多種多様な研修制度が整っていることは，人材定着にもつながるとともに，新規求職者に対するアピールにもなります。つまり『医療従事者を集めやすい環境につな

第1章：地域医療連携推進法人制度〜日本版IHNが日本の医療に与える変革〜

がる』とも考えられます。

■ 医療行為の効率化
・医療・介護の効率化

　複数の医療機関を受診して，それぞれで類似した診療行為により検査や投薬が重複することは，医療費を増大させる一因にもなっています。また，救急搬送先の病院が患者さんの病歴データを保有していないために治療に必要な検査を一から行うことは，膨大な非効率を生じさせます。

　推進法人制度内の医療法人同士で，治療・既往病歴・検査・投薬情報・アレルギー情報などを共有することができれば，このような無駄を省くことができます。無駄な財政負担や医療現場の負荷を減らすだけでなく，重複検査や投薬が減少すれば，患者さん自身の身体への負担も減らすことができます。また，病院での治療を終え，かかりつけのクリニックで治療を継続する場合，病院での検査結果，服薬情報，病状の経過状況などの情報をかかりつけの医師も活用することができれば，退院後の治療をスムーズに効果的に行うことができます。高齢者であれば，病院を退院した後に介護サービスを利用する場合も多いでしょう。医療従事者と退院後の生活をサポートする介護事業者が情報を共有することができれば，日常生活への円滑な移行が可能になるとともに，質の高い介護サービスを提供することが可能になります。逆に高齢者が病院に入院した際には，日々の介護履歴があれば，的確な治療を行うことができるでしょう。地域医療連携推進法人のネットワークの中で，患者や要介護者の情報を共有することで，治療や介護が必要な人に対し，漏れなく医療・介護サービスを提供することが可能になります。

このような診療・介護情報の共有により，医療・介護の様々な面で質を担保しつつ効率化を図ることができるようになります。これは推進法人制度の大きなメリットの一つと言えるでしょう。これらの情報の共有を図るためには，推進法人内で一貫した情報インフラ基盤を整備することが必須となります。共通した情報インフラを保有することで適時に欲しい情報を共有することができるようになります。効率的で質の高い診療を実現するツールとしてクリニカル・データ・マネージメントシステム（CDM）を第2章でご紹介しています。既存の電子カルテとは全く異なる機能を有するCDMをぜひご覧ください。

- 切れ目のない医療・介護の実現

　地域医療連携推進法人のネットワークの中で，患者や要介護者の情報を共有することで，治療や介護が必要な人に対し，漏れなく医療・介護サービスの提供をすることが可能になります。地域で包括的な医療・介護の提供が必要とされる中，社会インフラの役目も担う医療法人がグループ内での情報共有を図ることが求められます。

■ 医療資材の共有（薬剤の共同購入，共同管理　高額医療機器の共同利用）
- 高額医療機器の共同利用による投資額削減

　日本の医療法人は，1台数億円もするコンピュータ断層撮影装置（CT）や磁気共鳴画像装置（MRI）の保有台数が世界的に見ても突出して多いといわれています。MRIを例にとると，人口100万人あたりの保有台数は，日本：46.87台です。一方，諸外国を見てみると，例えばアメリカ：35.49台，イギリス：6.08台，カナダ：8.33台，オーストラリア：13.44台などです。アメリカはその中でも比較的多くMRIを保有していますが，それでも日本の約3分の2程度です。アメリカ以外の諸外国と比較すると，日本のMRIの保有台数がいかに突出して多いかが明白です（日本の数値は

第1章：地域医療連携推進法人制度〜日本版IHNが日本の医療に与える変革〜

2011年度，それ以外は2013年度の数値。一部，推定値を含む）。またOECDの「OECD Reviews of Health Care Quality」（2014年11月5日付）でも，日本ではMRIをはじめとする高額な診断機器を地域の医療機関も保有するような状況は特筆すべき点であると言及されています。個々の医療法人でそれらの高額医療機器を購入しているためです。しかし，これらの高額医療機器が投資額に見合った効果をもたらしているかについては疑念があり，かえって医療法人の経営を圧迫することにもなりかねません。地域医療連携推進法人の創設により，連携内の医療機関でこれらの高額医療機器を共同利用する方針を定めれば，高額医療機器への投資額を押さえられるだけでなく，これらの機器の利用頻度も上がり，投資額に見合った効果を得やすくなるでしょう。

- **共同購買による規模の経済**

　薬剤や消耗品の購入を地域医療連携推進法人内の医療法人でまとめて購入することにより，購入規模が大きくなり，医薬品卸会社等に対しての価格交渉力を獲得し，規模の経済を追及することができます。これにより全体として費用の削減を図ることができる可能性があります。また域内の医療法人同士で，保有在庫を融通することにより在庫のロスを削減できる場合があります。例えば，地域の基幹病院であれば，政策的な理由でたとえ使用頻度が少なくても保有する必要がある薬剤があるでしょう。これらの薬剤は使用期限が過ぎると廃棄せざるを得ませんが，この薬剤を域内の医療法人同士で共有すれば，使用頻度が相対的に増加し，廃棄処分になる薬剤を減らせる可能性があります。

　なお厚生労働省・社会保障審議会（医療部会）において，関連事業を行う株式会社（医薬品の共同購入等）を保有できる旨がうたわれています。

- **バックオフィス業務の統一によるコスト削減**

　現状では，医療法人ごとにレセプトの処理を担当する部門や経理や総務

などの間接部門を有している場合が多いと思われます。地域医療連携推進法人傘下の医療法人の間接部門の業務を一つに集約すれば、間接部門の業務を効率化することができ、コスト削減にもつながると思われます。

Question
『関連事業を行う株式会社（医薬品の共同購入等）』と既存のMS法人とはどのように異なるのでしょうか？

Answer

既に多数存在するMedical Service法人（以下"MS法人"とします）と『関連事業を行う株式会社（医薬品の共同購入等）』が果たす機能は共通する部分も多く見受けられます。しかし、以下の点でMS法人と今回の『関連事業を行う株式会社』は異なります。

MS法人は、理事長が個人で出資してMS法人たる株式会社を設立しているケースもあり、「グループ内の利益調整機能を持ち、医業利益を出資者に帰属させる実質的に営利会社」である場合が見受けられます。一方、『関連事業を行う株式会社（医薬品の共同購入等）』は、地域医療連携推進法人側が意思決定を主導すること担保するため、株式保有割合を例えば100％にする等、一定割合以上とすることを条件に設立されるという点でまず異なっています。またグループ全体の利益のために活動し、「カネの関係も非営利ホールディングカンパニー型法人の会計処理の中に含めることで透明化…」（厚生労働省回答）され、MS法人と比較して相対的に明瞭な処理が行われることが期待されます。

■ 円滑かつ包括的な医療サービスの提供（救急患者・妊婦・退院・退院調整）

救急搬送の受入を打診されたものの、受け入れる医療機関側に対応できる医療従事者が不足していたり、ベッドに空きがなかったりなどの事情で、な

第1章：地域医療連携推進法人制度～日本版IHNが日本の医療に与える変革～

かなか搬送先が決まらないという問題は，時に深刻な事態をもたらします。医療従事者側としても対応したいけれど，人手や機材の関係で泣く泣く救急搬送を受け入れることができなかったというご経験をお持ちの方もいらっしゃると思います。この地域医療連携推進法人では，グループ内で救急受入ルールを策定し，救急搬送の受入を要請された時にどのような対処をすべきかを明確化することが可能になります。これにより救急患者の受入がスムーズになり，迅速な治療にあたることができます。

　また退院できる状況になっても，特に高齢者の方は退院後，自力で生活することが困難である場合も考えられます。病院側と退院後の介護を担うケアマネが退院後の介護について退院前に調整を行って入れば防げたはずの症状の悪化が生じてしまうことは少なくありません。入院中はベッドから立ち上がり，車椅子移動身のまわりのことができていたのに，自宅では布団から立ち上がれず寝たきり状態になってしまった例，誤嚥性肺炎が治ったのに，飲み込みへの対処や家族への食事方法の指導が一切なく，結局再入院になった例等様々なケースが見受けられます。このように退院支援・退院調整ルールを活用して，医療と介護の連携を図り，居宅での生活がスムーズに進むような環境を退院前に整えることが大切です。推進法人でグループ内に介護事業を有していれば，医療現場と介護現場での情報の共有が行われ，退院後も訪問看護や訪問介護による在宅生活支援が円滑に遂行されることが期待されます。

　救急時，介護時に限らず，幼少期から高齢者まで連続した切れ目のないケアが提供されることにより，地域住民が安心して生活できる基盤が構築されるのです。

■ 資金供給

　医療法人にとっては，今までの資金調達は主に金融機関からの借入に頼っていました。しかし推進法人制度では，グループ内での資金の融通を認めており，グループ内からの資金調達が可能になっています。これにより施設整備等がより行いやすくなることもあるでしょう。

Question 地域医療連携推進法人及び社員法人の間で，資金の融通を行う仕組みは具体的にどのように構築していくのでしょうか？

Answer

　連携推進法人と社員たる医療法人の間，または社員たる医療法人同士の間の資金の融通方法としては，出資，融資，寄付及び債務保証といった手段が検討されています。また融通した資金が本来の目的から外れた使われ方がされないように融通した資金の利用目的は，「地域の医療又は介護の充実に関するもの」に限定すべきであるとされています。ここでそれぞれの言葉の意味するところを読み解くと以下のようになります。

- 「地域の医療又は介護」…当該地域医療連携推進法人がある地域における医療又は介護に関するものに限ることとされます。よって当該地域以外の地域に関するものや収益事業などは対象外となります。
- 「充実」…「充実」に該当する具体例としては，以下のような具体例が挙げられています。

例）増床やリハビリ室の整備，医療機器の購入

　単なる赤字補てんのための資金融通は対象外となりますので，ご留意ください。

第1章：地域医療連携推進法人制度〜日本版IHNが日本の医療に与える変革〜

■ 経営の安定化

　地域内の複数の医療法人の参画により，地域医療連携推進法人傘下には，個々の医療機関単位で経営している場合と比較して多種多様な診療科が揃うことになります。個々の医療法人で経営している場合，診療科目は相対的に限られるため，診療報酬の改定など医療政策の改正による影響を受けやすく，その影響を単独で吸収するのは容易ではありません。しかし，連携推進法人制度では，同法人のもとにより多くの診療科が集まるため，仮に医療政策の改正の影響があっても一方ではマイナス，でももう一方ではプラスというように，影響を相殺しうる可能性が高まります。これにより全体としての経営の安定化が図れることが期待されます。

3　地域医療連携推進法人制度のモデル

　推進法人制度は，アメリカのIHN（Integrated Healthcare Network 以下IHNと表記します）を参照しています。アメリカのIHNは，今や同国のメインの医療提供者といっても過言ではありません。IHNは，単に複数の病院の集合体ではなく，複数の病院が同じ地域で機能を担し，病院同士が電子カルテなどを通じて情報を共有化し有機的な連携関係を構築している点が特徴的です。

　また医療機関以外に介護施設，保険会社，共同購買部門，経営管理部門など複数の部門を傘下に設けているケースがあります。更に「IHNの約9割が非営利であり，地域住民の共有財産と位置付けられ」ているという事実は注目に値することです。

　本章では，IHNの目的・組織構造やその特徴，などを具体的な事例をもとにご紹介いたします。

(1) IHNの目的

●図表1　統合ヘルスケアネットワーク（IHN）の概念図

　IHNの主たる目的は，上記の概念図にも記載があるとおり，「地域に連続した継ぎ目のない医療や介護を提供すること」です。プライマリーケア〜高度急性期までの幅広い医療サービスを揃え，全体として収益を確保することで，例えば質的には重要であるけれども，採算がとりにくいプライマリーケアなどの低収益部門も維持することが可能になります。

(2) IHNの組織構造と特徴

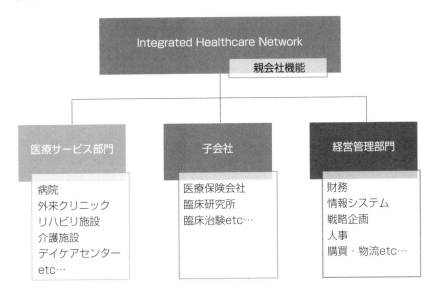

　IHNの特徴は，まず活動規模の大きさです。例えば後述する（(3) IHNの具体例）UPMC（ピッツバーグ大学医療センター）がカバーする医療圏の人口は，約400万人と桁違いの規模になっています。また医業収益は，1兆円を超えるところもあります。IHNから生み出される雇用は数万人にものぼり，関連産業も含めるとIHNの拠点のある都市の経済と雇用を支えているといっても過言ではありません。

　アメリカのIHNは，プライマリーケアから高度急性期，リハビリ，介護まで切れ目のない医療サービスを提供していること，高い専門性を有する経営管理部門，医療保険会社を始めとする子会社群を傘下に有していることも特徴的です。国民皆保険を前提とする日本ではなかなかなじみのない話ですが，皆保険が必ずしも前提ではないアメリカでは，医療機関が傘下に医療保険会社も有しているケースもあります。またアメリカ国内のみならず，海外にも拠点や提携先を有して，積極的に海外展開していることも注目すべき点です。更に上場

企業並みの経営管理部門を備えていることも特筆すべき点です。大規模な医療連携ネットワークを円滑に運営するため，財務，経理，人事，購買などそれぞれの業務に特化した高度な間接部門が設けられています。

アメリカのIHNのタイプはいくつかありますが，有力大学の医学部が中核となって医療連携ネットワークを形成するタイプや有力な医療機関が中核となって医療連携ネットワークを形成するタイプなどがあります。前者の代表例が，ピッツバーグ大学の医学部が中核となっているピッツバーグ大学医療センターであり，後者の代表例が，センタラ・ノーフォーク総合病院を中核とするセンタラヘルスケアです。

(3) IHNの具体例

IHNの具体例として，前述のピッツバーグ大学医療センター（University of Pittsburgh Medical Center 以下「UMPC」と表記します）についてご紹介します。

このIHNは20を超える医療機関，500を超える外来拠点を擁しています。また3,500人を超える医師（直接雇用の人員数。提携先の医師も含めると約5,500人）が所属しています。医療機関以外に，長期介護施設，在宅医療・介護，リハビリ施設を備え，傘下には保険会社や国際医療専門の会社も有しています。

UPMCは，米国ペンシルバニア州最大の医療センターで，米国有数の非営利医療機関であると同時に，同地域で最大の雇用も生み出しています。外来受診者数は年間約390万人（2014年6月期），年間収入は11,416百万ドル（約1兆1千億円），年間利益は190百万ドル（約200億円，同じく2014年6月期）となっています。日本で売上高が約1兆1千億円規模の企業というと，三越伊勢丹ホールディングス，アステラス製薬，三菱地所など日本を代表するような企業が並びます。UPMCの活動規模の大きさがお分かり頂けると思います。また同地域で6万人を超える雇用を創出しています。

第1章：地域医療連携推進法人制度～日本版IHNが日本の医療に与える変革～

　またUPMCの国際医療専門の会社は，医療機関の国際展開を積極的に進めていることでも知られています。イタリア（病院・研究所）・アイルランド（病院・がんセンター）・その他中東諸国など合わせて18ヵ国に拠点を有しています。
　UPMCは，プライマリーケアから移植・癌などの高度な医療，リハビリ，長期介護施設まで切れ目のない医療サービスを提供しています。更に特筆すべきはUPMCが提供する慈善活動の規模の大きさです。無保険者や貧困層への財政的支援額は，346百万ドル（約360億円，同じく2014年6月期）にのぼります。
　この病院の経営理念は「卓越した患者ケアを地域に供給し，臨床と技術的なイノベーション，研究，教育によって明日のヘルスケアシステムを形づくる」です。この理念のもと，ペンシルバニア州を中心とした地域の医療を包括的に支えています。

(4) アメリカのIHNと日本の地域医療連携推進法人制度の違い

日本の地域医療連携推進法人制度は，アメリカのIHNを参照しつつも，以下のような違いがあります。

- 経営規模・診療圏・対象人口

    アメリカの代表的なIHNですと，年間収入は1兆円を超え，その診療範囲は数百km四方，対象人口は数百万人にも及びます。UPMCの場合，縦約260km，横約200kmの長方形に相当する範囲の診療圏（面積にすると約52,000㎢）を抱え，対象人口は約400万人に及びます。

    しかし，地域医療連携推進法人制度では，二次医療圏を基本とし，人口や受療行動などの要素を考慮して連携範囲を定めることが想定されています。現状の二次医療圏で最も大きいのは，北海道の十勝二次医療圏で，その面積は10,828㎢です。広大な面積を有する特別な医療圏である北海道を除くと，最大の二次医療圏は，岐阜県の飛騨二次医療圏（4,178㎢）となり，カバーする診療圏の大きさの違いは明らかです。また対象人口が200万人以上もしくは200万人に近い一部の都市部の二次医療圏（大阪市，札幌，名古屋，東京都の区西北部など）が存在する一方で，対象人口が数万人程度の小規模な二次医療圏もあり，全国344（平成25年4月現在）の二次医療圏の平均人口は37万2千人となっています。更に代表的な基幹病院の収入規模を例示すると，東京大学付属病院の附属病院収入は，約415億円となっています。

    これらの要因がアメリカのIHNと日本の地域医療連携推進法人制度の主な違いとなっています。

- 行政の関与度

    アメリカのIHNは，最高意思決定機関である理事会（理事は主に地域代表である社外取締役）が中心になって運営されています。メディケア（アメリカの高齢者向け健康保険）やメディケイド（アメリカの貧困層向け保険）といった公的医療保険からの診療報酬は受け取るものの，対価を伴わない政府からの補

助金には依存していません。IHN自身が主体となって自主経営が行われています。

一方,地域医療連携推進法人制度は,地域医療連携推進法人の認可・監督や事業地域範囲の認可等が都道府県知事の権限に委ねられていることからも明らかですが,行政の監督下に入ることになります。

このようにアメリカのIHNと日本の地域医療連携推進法人制度は,行政の関与度の点からも違いが生じています。

4 実効性のある地域医療連携に向けて

実効性のある地域医療連携を進めるためには,以下のような点に留意することが必要です。

● **医療機関の意識改革と理念の共有・信頼関係の構築**

まず各医療法人自身が,病院の現況と病院のある地域の状況を把握することが必要になります。現状で保有する病院の機能,人材,経営資源,今後の経営方針,地域に存在するニーズ等を経常的に把握しておくことが大切になります。それら現状をふまえて医療連携に対してどのような考えをもって臨むか,それぞれの医療法人が今後どのような立ち位置で存続していくのかを医療法人自身が整理する必要があります。地域によっては,"医療連携"に対する理解が進んでおり,地域のニーズに応じて医療法人自身が変革していかなければならないという認識が浸透しているエリアもあります。しかし全ての地域がそのような状況ではなりません。ご紹介した推進法人制度は,今後の日本の医療・介護制度が直面する種々の問題に対応するための"切り札"とされ,"医療連携"の実現のため制度的施策が今後講じられると思われます。しかしこの制度を実りある実効性のあるものにするために最も大切なことは,「医療連携に対する理念の共有」なのではないでしょうか。様々な施策を講じることによって,一

時的に連携関係を構築することは可能かもしれません。しかし長期的な視点に立った時に、基本的な考え方の一致が無ければ、連携関係を維持していくことは難しくなります。

日本の医療制度は大きな変革期を迎えようとしています。今後数十年のうちに急激な人口減少が予測されており、今まで競争とは縁が薄かった医療分野でも、医療法人の淘汰が進むことが想定されます。そのような状況に対応していけるかどうかは、医療法人がご自身の現況を把握し、将来へのビジョンに応じた行動をとっていけるか否かによると思われます。医療法人の状況と今後のあり方を考えるタイミングにきているのではないでしょうか。

● 患者自身の意識改革

医療サービスを受ける患者の側でも意識改革が必要になります。今までは国民皆保険制度の恩恵のもと比較的安い対価で医療サービスを受けることができました。医療サービスへのアクセスも概ね確保されており、この環境は素晴らしいものです。昨今、深刻な問題になっている医療・介護の財政問題や医療現場で起こっている数々の問題を考えると、今まで「当たり前」のようになっていて深く考える機会も少なかった『医療』の問題について、もっと身近に自分自身の問題として考えることが必要になってきます。「保健医療2035」でも「健康に対する知識や意識が向上、患者一人ひとりが自らの医療の選択に<u>主体的に参加・協働</u>している」ことがビジョンの1つとして提唱されています。医療の問題を自分自身の身近な問題として考える姿勢が求められています。

● 地域特性に応じた連携モデルの構築

地域医療連携は、連携を行う地域の特性に応じて連携のモデルを構築することがポイントになります。卑近な例としては、都市部およびその周辺地域では2025年に向けて高齢化が急速に進むことが予測されており、その点を念頭においた連携が求められます。一方で地方では、既に高齢化がある程度進んでおり、今後の高齢化の伸び率は緩やかになることが予測される地域もあります。この

第1章:地域医療連携推進法人制度〜日本版IHNが日本の医療に与える変革〜

ようなエリアでは,地域から求められる医療のニーズが都市部とは異なることは明らかです。このように地域ごとに特性が大きく異なることを踏まえ,その地域の特性に応じた医療連携のモデルを模索して構築していくことが重要になります。

● PDCAサイクル

様々な施策を立案(Plan)・実行する(Do)ことも重要なことですが,それと同様に大切なのが,施策の結果を確認(check)し,次のステップに向けた対応策(Action)をとることです。一般的にPDCAサイクルと呼ばれるこのプロセスは,会社組織等では馴染みのある手法ですが,医療連携に置いても重要な手法になります。

例えば,アメリカの代表的なIHNとして有名なセンタラ・ヘルスケアでは,「臨床系(Clinical)ベンチマーキング」と「経営系(Functional)ベンチマーキング」という指標をそれぞれ設け,医療現場・経営管理における費用対効果の測定(check)を行い,測定結果に基づいた対応策(Action)検討が行われています。これらの測定を可能にするデータを収集するために,ICTを利用して様々なツールを整備しています。

● 組織化とマネジメント

複数の医療法人同士が円滑に連携を行うためには,調整機能を果たす間接部門(事務局や経営管理部門など)の働きが欠かせません。予算や会計処理,統一的な連携推進方針策定のための会議の設定,地域医療連携推進法人内での人材交流の調整や資金融通,資金管理など,間接部門が果たす役割は多岐にわたります。必要な能力を備えた人材や公認会計士や税理士などの専門家を集めて,しっかりとした間接部門を整備する必要があります。

アメリカのIHNでは,上場企業に匹敵する高度な間接部門が設けられています。前述のUPMCは,アメリカの公開会社に適用されているSarbanes-Oxley法を全面的に採用しています。Sarbanes-Oxley法は組織の内部統制に対

する規制で，同法を満たすためには相当程度高いレベルの内部管理体制が構築されていることが求められます。Sarbanes-Oxley法を適用できるということは，UPMCが高度な内部管理体制を構築していることの証です。

　地域医療連携推進法人制度で，内部管理や間接部門の整備がどの程度必要かは構築する医療連携の規模やレベルにもよりますが，地域医療連携推進法人で生じる業務やニーズを処理しうるだけのしっかりとした間接部門を整備することが必要になってきます。

● ICTの活用

　地域医療連携推進法人制度では，様々な組織に属する多様な職種の方々が協働して治療やケアにあたることになります。日々変化する患者さんの容体の変化や治療内容の情報を適時に多職種間で共有できることが実効性ある医療連携を進めるうえでポイントになります。しかし多くの人が一堂に会して情報共有をするという方法は現実的な方法ではありません。

　多くの人が物理的に一ヵ所に集まらなくても適時に情報共有を図るためには，ICTを活用した情報共有が必要になります。連携する医療法人の間で電子カルテを共有する仕組みを構築するのも一つの方法でしょう。地域電子カルテは既にいくつかの地域で運用され，多職種連携を支えるツールとして活用されています。しかし患者さんの症状や既に実施した診療行為の記録を共有するだけで十分でしょうか。

　推進法人制度は，既存の医療機関の法人格を維持したまま，複数の組織の連携を図る制度であるため，医療連携についての「理念の共有」を前提としたとしても，組織間のカルチャーの相違やカルチャーの相違に起因する非効率の発生は避けられません。これらの問題の影響を局在化し，本質的な業務効率化と高い水準の診療行為・介護サービスの提供を可能にするためには，徹底したシステム基盤を構築することは必須です。なぜなら徹底したシステム化からもたらされる医療現場や経営面での効率化のメリットは，この推進法人制度がもた

第1章：地域医療連携推進法人制度〜日本版IHNが日本の医療に与える変革〜

らすどのメリットよりも影響が大きいからです。システム化がもたらす影響の大きさは，ICTが私たちの生活に与えてきた影響を振り返ってみれば一目瞭然です。逆にいうと医療機関同士の連携関係を構築し，一見するとその地域を包括するような大規模な推進法人制度を作り上げたとしても，一貫した共通のシステム基盤を構築し，本質的な業務効率化をすることができなければ，そのメリットは限定的なものになります。真の意味での医療の効率化を図るためには，ICTの徹底した活用は必須事項です。

　更にICTの医療分野での活用は，医療の現場のみならず，産業界や学術分野，そして私たちの生活すらも変えていく影響力を含蓄しています。電子的に蓄積されたデータを集計・分析して，医療機関の経営管理に利用したり，医療従事者の教育に活用したりするのはもちろん，医療の質や安全性を向上させることにも寄与します。またデータを活用した効率的・網羅的な医療行政や科学的根拠に基づいた医療政策の立案にも貢献します。更に蓄積されたデータをもとに民間企業（製薬会社や医療機器メーカーその他ヘルスケア産業）や大学と連携して新薬や新しい医療機器の開発に役立てられる可能性も持ち合わせています。現在，日本は新薬や医療機器の大半を海外からの輸入に頼っているのが現状ですが，将来的に日本が新薬や医療機器の輸出国になるかもしれません。身近なところでは，各個人の今までの診療履歴をもとに最適な健康管理方法を提案するといったこともできるかもしれません。

　医療費の膨張，国民皆保険を前提とした社会保障制度の疲弊，医療資源の偏在など数々の問題を抱えた日本の医療に対応していくためには，推進法人制度等を活用して医療資源の集約を図ることが一助になります。そして集約した医療資源を最大限に活用していくためには，ICTの活用が必要になることは明らかです。前述のような様々なニーズに対応し，電子データの活用度を革新的に高めたシステム：クリニカル・データ・マネージメントシステム（NEC社）の導入が現在，一部の病院でスタートしています。このシステムの機能の詳細や

試験的利用の結果については，第2章で詳しくご紹介していますので，ぜひご参照ください。

第2章 事業価値を高める最新の医療経営管理システムとその導入事例

1 事業価値を高める最新の医療経営管理システム（NEC社のCDM）

　2014年に刊行した書籍『勤務医・開業医が知っておきたい病院の税務と経営管理』（税務経理協会）にて，日本電気株式会社（以下，NECと呼びます）が開発中のクリニカル・データ・マネージメントシステム（以下，CDMと呼びます）の機能を紹介しました。簡単におさらいしますと，CDMは，『外見上』は，待合室にある問診票をタブレット端末化したものです。但し，単なる入力端末ではありません。問診項目は，問診に対する答えの内容に応じて次の質問が組成され，問診項目が変化し続けます。その点で，従前のよくある紙ベースの一辺倒の問診とは大きく異なります。

　経営管理ツールとして問診システムが開発された理由は，以下の必要性が医療の現場にあるからです。

➢ 医師業務の効率化の必要性……医師の業務は診察のみならず，多岐にわたっているため，医師業務の効率化することで，より多くの患者を審査することが可能となり，診療報酬の増加が見込めます。事前問診の内容から予測が可能
➢ 事前問診による患者自身の情報整理の必要性
➢ 待合室での重症化予防とリスク回避の必要性……トリアージ的な機能を有しているため，現時点と将来時点の重症化予測が可能。カルテの必要記載項

目を予測し自動表示（開発中）。問診情報に基づき，診療録として記録するべき情報が自動表示されます。医師診察時に表示された内容を確認，変更することにより質の高い診療記録が作成されます。
➢ 患者とのトラブルの防止，訴訟対策の必要性
➢ 研修医や医療従事者の教育……病院経営には次世代の育成も不可欠です。ブレのないロジックをCDMにより論理的かつ効率的に学習する機会を提供します。

2　済生会熊本病院での導入事例

CDMの問診機能（CDMの有する機能の一部）が，済生会熊本病院にて試験運用されました。済生会熊本病院では，『診療面接支援サービス』と呼ばれていますが，機能は同一です。

済生会熊本病院は熊本県熊本市の南区にあり，許可病床数は400床，外来患者数は1日あたり502人の急性期病院です。

図1　済生会熊本病院様における実証実験

社会福祉法人恩賜財団済生会熊本病院様

■ 所在地　　　熊本県熊本市南区
■ 許可病床数　400床（うち162床個室）
■ 外来患者数　502人／日

■ ＪＣＩ（Joint Commission International）
● 2013年11月23日認証取得

既に,医療の質と安全において国際標準を満たすことを示すJCIの認証を取得され,世界でも一定の安全基準を満たした病院と評価されています。

済生会熊本病院にて,試験運用がされた背景には,2014年6月19日,第7回医療戦略推進専門会議で,健康・医療戦略の骨子(案)が提出され,その中に『世界最先端の医療の実現のための医療・介護・健康に関するデジタル化・ICT化に関する施策』が示されたことがひとりの要因となっています。

もともも,済生会熊本病院では医療に関するデータのデジタル化を通じて,医療の質の向上と入手もしくは加工したデータの整理分析を通じて,医療経営の更なる改善に役立てようとしていたからです。

図2　健康・医療戦略推進本部

- 健康・医療戦略推進専門調査会(第七回)2014年6月19日
- 健康・医療戦略の骨子(案)

世界最先端の医療の実現のための医療・介護・健康に関するデジタル化・ICT化に関する施策

① 医療・介護・健康分野における徹底的な●デジタル化・ICT化●を推進
② デジタル化された医療現場から●デジタルデータを収集・分析●し,医療のPDCAや効率的で質の高い臨床研究等が行うことができる持続可能な●デジタル基盤の構築●
③ ●医療情報●の扱い等,社会的なルールや運用の仕組みを作成

『世界最先端の医療の実現のための医療・介護・健康に関するデジタル化・ICT化に関する施策』は具体的には以下の3項目です。

① 医療・介護・健康分野における徹底的なデジタル化・ICT化を推進
② デジタル化された医療現場からデジタルデータを収集・分析し,医療のPDCAや効率的で質の高い臨床研究等が行うことができる持続可能

> なデジタル基盤の構築
> ③ 医療情報の扱い等，社会的なルールや運用の仕組みを作成

つまり，今後，医療データのデジタル化，収集および分析を推進していく旗振りが示されたのです。ここで医療データのデジタル化，収集および分析を可能とする仕組みが必要となります。それが，診療面接支援サービスではないかということです。

データ化と一言で言っても，医療データを集めるだけでは意味がなく，データを分析して経営に役立てるためには分析容易なデータとする必要があります。

図3　電子カルテシステムのデータ

■ 分析が容易なデータ
- 処方情報
- 検査結果情報

■ 分析が難しいデータ
- 診察記事
- レポート

分析が容易な形でのデータ収集が重要

と言いますのも，実際に電子カルテシステムに蓄積（特定の意図をもってデータを収集していないため，蓄積と呼ばせて頂きます）されたデータは，分析が可能なもの，分析が難しいものが混在しています。

例えば，処方や検査結果などはSS-MIX Ⅱ等の普及もあり標準規格で保存されているため分析を行うことは容易です。他方，医師や看護師が記載した診察記事の内容は，文章で記録されているため，容易に分析することはできないのが原状です。

今後電子カルテシステムのデータをより有効に活用するには分析が容易な形でのデータ収集が重要となります。そのためには特定の意図をもって，データ

第2章　事業価値を高める最新の医療経営管理システムとその導入事例

を引っ張る，紐付けるロジックが必要となります。やみくもに収集するデータ量を増やしても，かえってその分析に無駄な時間を費やし，非効率だからです。

　済生会熊本病院は，診療面接支援サービスの試験運用前から，電子カルテデータの分析を既に実施しています。そのツールとして，ダイナミックテンプレートを活用しています。ダイナミックテンプレートとは，NECの電子カルテシステムMegaOakHRの記録支援の機能を言います。
　当てはまる項目をクリックすると
　その項目と関係のある項目が展開し，選択した内容が，日本語化され電子カルテに貼付されます。

図4　済生会熊本病院様におけるデータ分析への取り組み

▎電子カルテシステムMegaOakHR
● 記録支援機能「ダイナミックテンプレート」

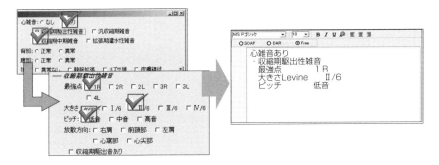

　例えば，外来では，ダイナミックテンプレートを用いて以下のように運用しています。

図5　済生会熊本病院様におけるデータ分析への取り組み

■ ダイナミックテンプレートを活用した外来運用

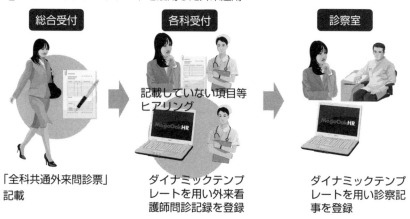

来院された患者は総合受付で全科共通の，紙の外来問診票に問診情報を記載します。

↓

各科の受付では，看護師がその紙をもとに，患者が記載しきれなかった項目や症状の詳細，今飲んでいるお薬などをヒアリングします。

↓

ダイナミックテンプレートを用いて，電子カルテに登録します。

↓

診察室でも，医師は，ダイナミックテンプレートを用いて記事を作成しています。

しかし，患者が記載した問診項目を看護師が改めて入力する必要があるなど課題もありました。

そこで，NECは，患者が診察の前にスマートデバイスから症状を入力できる医療面接支援サービスを開発いたしました。

スマートデバイスに，患者が３択の質問について自己の状態を選択することで，診察に必要な情報を登録することが可能になる画期的なシステムです。

例えば，気になる症状として，Q）『むくみがある』を選択すると，Q）『いつからむくみがありましたか？』と回答しますと，回答を受け次の質問が作成されます。『むくみの場所はどこですか？』と，回答を受け次々回答に応じた質問が展開されていきます。

つまり，医療面接支援サービスの質問に沿って回答を入力することで，診察に必要な情報を登録することが可能になるのです。

また，医療面接支援サービスで入力されたデータは，分析可能な形での保存が可能です。

図6　実証実験で用いたサービス

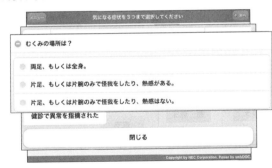

試験運用は，ある特定の１週間に行われました。一般外来にこられた初診患者のうち，88名の方にご協力をいただきました。具体的には，通常の運用に加

え，済生会熊本病院の総合受付で，患者にスマートデバイスを使った医療面接支援サービスへの入力をお願いしました。

図7　概要

■ 期間　　　2014年2月24日（月）〜28日（金）
■ 対象　　　一般外来・初診患者さまのうち88名
■ 運用

1週間の実証実験の結果，済生会熊本病院から，以下の意見を頂きました。
・患者にすべてを入力していただくのではなく，まずは患者が気になる症状を入力し，それに対して看護師が症状詳細を追記していくという段階的な入力が適しているのではないか
・患者が入力したデータが，自動で電子カルテに反映されると良い
・事前に患者に症状を入力していただくことで，看護師のヒアリング時間が減り，全体として，問診情報を取得する時間を削減できる可能性がある等です。

　結果的に，医療面接支援サービスが，外来業務効率化にも役立つ可能性があることが確かめられました。

第2章　事業価値を高める最新の医療経営管理システムとその導入事例

図8　済生会熊本病院からの意見

運　用
- 患者：気になる症状を入力 → 看護師：症状詳細を追記といった段階的な入力が適している
- 入力データの電子カルテへの反映が必要

外来業務効率化
- 事前に患者が入力することで，看護師のヒアリング時間が減り全体として考えると情報取得の時間は削減できる可能性がある

また，医療面接支援サービスに入力したデータと電子カルテデータの照合も行いました。

下記図は，実証実験の結果に基づきサンプルとして作成したデータで，膀胱炎の症状で腎・泌尿器科を受診された患者さんをイメージしています。

- 左側の緑の部分が，医療面接支援サービスで入力した情報です。
- 真ん中の黄色の部分が，看護師さんが電子カルテに「外来看護師問診記録」として入力した情報です。

一番右側の青色の部分が，医師が電子カルテに「外来初診記録」として入力した情報です。

図9　電子カルテデータとの突合

■患者Aさん　　　膀胱炎，腎・泌尿器科を受診

※ 本データは実証実験の結果に基づきサンプルとして作成したデータです

患者が紙に記載					看護師による入力				医師による入力
本日の症状	痛みはありますか	いつから痛みがありますか	痛みやつらい部位はどこですか	どのような痛みですかいつ痛みの程度ですか	主訴	現病歴	疼痛評価	既往暦	外来初診記録
その他（尿の回数が多い）	あり	3ヶ月くらい前より	（空白）	（空白）	分析容易 頻尿 昼：9回 夜間：2,3回	昨年末より頻尿・残尿感症状あり H.26.1/27に○○クリニック受診。クラビット処方受けて内服するも，2月に入り頻尿回数増加。 2／25頃より下着が茶色に汚れている時が時々あり，下腹部痛もあり。	分析容易 あり⇒NRS：3/10 ①出現時期：半年前より ②疼痛部位：下腹部 ③性質：圧迫感・重苦しい ④痛みの頻度：常にある	45歳 高血圧	主訴：残尿感，下腹部の圧迫感，夜間頻尿（3回） H.26.1/27頻尿で○○クリニック受診 膀胱炎の診断でLVFX処方されたその後も頻尿の症状続いた気になる感じも強くなり，本日当科受診

従来，医療面接支援サービスはなかったため，看護師がダイナミックテンプレートで記載された「主訴」と「疼痛評価」は分析をすることが可能でした。
　しかし，ダイナミックテンプレートに加え，患者が医療面接支援サービスを使用することで，分析可能なデータの量を増やすことを実現できました。

図10　電子カルテデータとの内容比較

　また，入力された情報の内容を詳細に比較してみると，医療面接支援サービスで入力した内容には，当然に電子カルテでは分析が難しかった情報同じ内容も含まれています。
　医療面接支援サービスをしようすることで，従前，分析が困難であった情報も，分析が容易になります。

第2章 事業価値を高める最新の医療経営管理システムとその導入事例

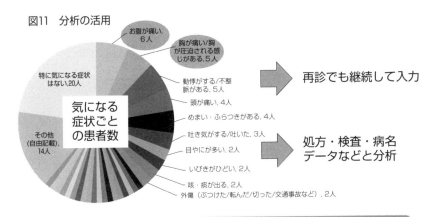

図11 分析の活用

さまざまな用途に活用ができる可能性

　最後に，医療面接支援サービスで入力されたデータを『気になる症状ごと』で集計をしてみたところ，以下の結果を得ました。

　88名の患者のうち，お腹が痛い患者は6名，胸が痛かったり圧迫されると感じた患者が5名いたことなどを簡単に把握することができました。

　今後は，患者が初診でいらしたときだけではなく，再診の際にも継続して入力していもらい，処方や検査，病名などの情報と併せて，分析することで異なる角度からの分析データが作成でき，それを現場にフィードバックすることで経営効率の向上に役立つと思います。済生会熊本病院内で，問診項目とBOM（Basic Outcome Master）のひも付けができており，将来的に外来，入院を問わずデータが連続的に抽出でき，分析が可能になるとの結論に至りました。

　済生会熊本病院との試験運用から，ダイナミックテンプレートと医療面接支援サービスによって
☆外来における業務が効率化され
☆データ活用の可能性が広がりました。

外来における業務効率化
データ活用の可能性の拡大

　済生会熊本病院は上記結果を受け，NEC社の医療面接支援サービスの正式導入を検討しているとのことです。

3　CDMの表面には見えてこない機能面

　CDMは問診機能だけではなく，電子カルテと連動させることで，電子カルテデータに取り込み，カルテ作成支援機能を実働しています。第1節に記載した医療現場のニーズに応える機能も開発が進められており，実際に運用されている病院もあります。

　CDMが地域医療のみならず，医療業界全体の事業構造を大きく変えるシステムであると思っています。

　CDMとは何かと一言で言えば，『業務を効率化して利益率を引き上げる』と言うキーワードに行き着くと断言して良いのかもしれません。CDMにより，医療の業務の大半は自動化することが可能となります。

　CDMは，入力したデータを解析できる構造になっています。解析するためには抽出するデータの定義づけが必要となります。電子カルテから取れるデータとの違いは，適切に定義付けされたデータかどうかです。適切に定義付けされていないデータを幾ら分析しても，得られるものは乏しいです。

　国立成育医療研究センターでは，CDMを使って，全国からデータを収集し

解析しています。当然に，定義付けられたデータですので，効率的な医療経営に役立つデータとなります。

4 医療の今後

　医療現場において，今後は，各種センサーが人間の代行になります。現在よりより一層，センサーといった技術が医療者のサポートをする時代になります。そして，あくまでサポートであって，『職や地位を奪うモノではない』ということです。日本の医療現場は効率化，機械化等が遅れていました。その例が，ヒヤリハット等のインシデントが全く減らないという現状です。

　人間のトレーニングは必要なことはもちろんですが，限界があります。システムによるヒューマンエラーを零にしていくこともとても大切だと思います。

　また，別の角度から見ると，経営にリスクマネジメント，効率化という概念を盛り込むのがCDMの重要な役割だと思います。

　見えなかったことが見えるようになる。『患者が言った！言わない！』，『看護師が見た！見てない！』，『医師が確認した！してない！』を可視化することはとても大切なことです。これまでとは異なり，これからは，患者が医師と対等に近い知識をインターネットで習得し，しかも，つぎはぎの知識で医師に向かってきます。そのための自己防衛のためのICT（情報通信技術）やセンサーの活用は必須となります。コールセンターが同様のリスクを管理するために，通話内容を録音しているのと同じように，医師の丸腰の診療を守るためにもCDMは活躍していくと思います。

　CDMのような技術は自動化や効率化に目が行きがちですが，一番重要なことはこの点ではないかと思います。

第３章　事業承継概論　持分あり医療法人から持分なし医療法人への移行

1　医療法人をまず知っておく

　医療法人とは，医療法に基づき設立される法人を言います。法人とは言うものの，その大半が一人医師医療法人というのが実情です。日本の中小企業同様，個人事業主が法人成りしたものです。つまり，医師一人しかいない医療法人が日本には沢山あるということです。

　医療法人は，まず「社団」と「財団」に区分されます。社団医療法人は，金銭等の資産を出資又は拠出することで設立される医療法人です。但し，平成19年４月１日以後に設立された社団医療法人は，出資ではなく，拠出のみ認められています。拠出ですと，出資と異なり，解散時の残余財産は，国や地方公共団体等に帰属します。

財団医療法人	社団医療法人		
	拠出型	基金拠出型	H19.3.31以前設立
	出資持分の概念なし		出資持分の概念あり

　更に，医療法人は，医療法や租税特別措置法によって，以下のように分類さ

れます。

（1） 出資持分のある医療法人

　平成19年施行の第五次医療法改正により，出資持分のある医療法人は新規設立できなくなりました。既存の出資持分のある医療法人は，当分の間存続する旨の経過措置がとられています。別名，「経過措置型医療法人」とも呼びます。医療法人全体のうち出資持分のある医療法人が占める割合は，83.1％（平成26年度厚生労働省調べ），その数41,476法人あります。圧倒的な比率と数を占めています。

　出資持分のある医療法人の最大の特徴は，出資者はその出資割合に応じて医療法人の持分を有している点です。持分を有しているので，財産権があるので，退社時または解散時に，持分に応じて出資の払い戻しや残余財産の分配を受けることができます。

　政策的に下記の出資持分のない医療法人への移行を進めていますが，進んでいないのが実情です。その障壁となっている原因は，第3節に記載します。

（2） 出資額限度法人（出資持分のある医療法人の一種）

　出資持分のある医療法人の一種ですが，出資持分のある医療法人の最大の特徴である社員が退社時の出資持分の払い戻しや，解散時の残余財産分配に関して，払込出資額を限度とする旨を定款で定めた法人です。出資持分の払戻請求権，及び残余財産分配請求権が，実際に出資した金額までということになります。

（3） 出資持分のない医療法人

　平成19年施行の第五次医療法改正により，社団医療法人を新規設立する場合は，この出資持分のない医療法人しか認められていません。つまり，今は出資

持分のある医療法人は設立できません。出資持分のある医療法人には，様々な弊害があるためです。

(4) 基金制度医療法人（出資持分のない医療法人の一種）

　出資持分のない医療法人の一種です。定款で基金制度を採用しているものです。簡単に言うと，定款は，法人のルールをいい，基金とは事業を行う元手です。特徴としては，基金の拠出者は通常の債権者の地位より劣後した債権者のような権利を有することになります。

　出資持分のある医療法人から，基金制度医療法人に移行する場合の注意点として，当初出資額と移行時の評価額の差分が配当所得とされるリスクがあります。

2　出資持分あり医療法人と出資持分のない医療法人の『持分』って何ですか？

(1)　持分って何ですか？

　出資持分あり医療法人と出資持分のない医療法人とでは『出資持分の有無』が相違点となります。出資持分とは，医療法人に出資した人が，医療法人に対して有する資産です。資産ですので，その資産が当初より価値が高まっていると税務上の問題が出てきます。

　良く耳にするキーワードとして，『払戻請求権』と『残余財産分配請求権』があります。前者は，医療法人を辞める（退社）時，後者は，医療法人を閉じる時（解散時）に生じる権利です。

(2)　出資持分の『払戻請求権』

　出資持分の払戻請求権とは，出資した財産を払い戻してもらう権利をいいま

す。旧厚生省の社団医療法人モデル定款第9条と同趣旨の定款を使っていると，退社時点の医療法人の財産評定額に出資割合を乗じた金額が，財産価値とされます。つまり，当初出資額との差額が税務上問題となります。

なお，出資額限度法人は，定款の定めで払戻請求権の上限が出資額とすることで，税務上の問題を回避できます。

3　出資持分あり医療法人の抱える課題

出資持分あり医療法人は上記のとおり税務上の問題を抱えています。具体的内容は後述するとして，税務上課税されると，資金流出を伴うため，出資者及び医療法人にも多大な影響を与えることになります。

但し，事業価値（医療法人としての健全な財政状態や経営成績）を高めておかねば，逆に資金繰りに窮して倒産の憂き目にあうリスクが高まります。倒産となると，出資者や医療従事者のみならず，ひいては，患者にも迷惑をかけることになります。

税務上課税関係にどう対処するか，また，事業価値をどう高めていくかが，医療法人の大半を占める出資持分あり医療法人の抱える重要な課題です。

4　移　　　行

移行のパターンとしては下記のスキームが考えられます。詳しくは，厚生労働省医政局　平成23年度発行　出資持分のない医療法人への円滑な移行マニュアルに譲ります。

第3章 事業承継概論 持分あり医療法人から持分なし医療法人への移行

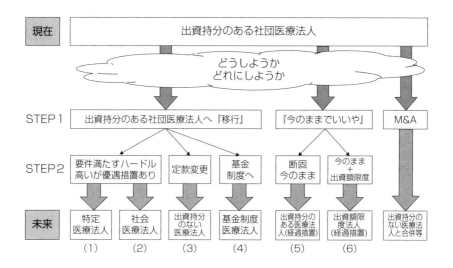

医療法人の経営者がどういう未来像を描いているかにより,移行する姿は異なってきます。

移行パターンで,今認識しておく点は,それぞれの移行パターンが抱える課題だと思います。

(1) 特定医療法人へ移行する際の課題

・自費診療報酬体系と社会保険診療報酬体系の基準の同一化
・役員等に占める親族等割合の制限　1／3以下
・年間給与総額の上限あり　3,600万円を超えてはならない
・介護老人保健施設のみの医療法人は対象外

端的にいえば,公益性を担保すべくヒト,カネ,事業内容に制約が他に比べて高いです。

(2) 社会医療法人へ移行する際の課題

- 役員等に占める親族等割合の制限　1/3以下
- 夜間休日救急搬送実績基準
- 夜間休日救急搬送の今後の計画目標と体制の確保
- 理事等の報酬　但し，1のような形式基準はありません

(3) 出資持分のない医療法人へ移行する際の課題

- 租税リスクを正面から向き合い，贈与税を支払って移行する方法もあります
- 贈与税の課税なく円滑に移行できる要件をクリアする方法もあります
- 役員等に占める親族等割合の制限　1/3以下

(4) 基金制度医療法人へ移行する際の課題

- 租税リスクを正面から向き合い，贈与税を支払って移行する方法もあります
- 贈与税の課税なく円滑に移行できる要件をクリアする方法もあります
- 役員等に占める親族等割合の制限　1/3以下

(5) 今のままの課題

- 出資持分の払戻請求権を行使されるリスクへの対処
- 出資持分が相続される場合の相続税対策

(6) 出資額限度法人へ移行する際の課題

- みなし贈与課税リスクへの対処

第4章 医療事業承継に関係する税制の概要

```
医療事業の承継  →  医療事業経営権の承継
                  医療事業用資産の承継
```

　医療事業の承継は一般企業と同様に経営権の承継と資産の承継に区分して考えることが出来ます。ただし経営権を承継する後継者については医療事業の特殊性として「医師，歯科医師」の免許保有者という制限（限定的な例外を除き）があるので，本書では税務に影響する「資産の承継」について検討します。

　医療事業の承継，特に医療事業用資産の承継の手段としては，「譲渡」，「贈与」，「相続」などが考えられます。本書は医療法人を対象としていますので，医療法人においてこれらの行為が行われた場合に関係する税制を検討します。

- 医療法人が所有する資産を譲渡した場合の**「法人税」**
- 出資持分の払戻しを受けた場合の**「所得税（みなし配当課税）」**
- 持分の定めのある医療法人における持分の移動があった場合の**「贈与税」**
- 持分の定めのある医療法人の出資者が死亡した場合の**「相続税」**

関係する税金としては下記の税目が考えられます。
　そこでそれぞれの税制の概要と，考えられる取引について設例を交えて解説します。

1 法人税

医療法人が所有する事業用資産を譲渡する取引は法人税の課税対象となります。

法人税の課税構造
- 法人税＝所得×法人税率
- 所得＝売上(収入)－原価(費用)

法人が資産を譲渡する取引では売却価額から原価を差し引いた損益が課税対象となる所得を構成します。

（ケース１）　医療用機械を医療事業承継者に適正な時価*で譲渡（売却）した場合

　　機械譲渡代金(＝売上)　500万円*

　　機械簿価**　(＝原価)　400万円

　　　　*適切な時価：市場で一般に取引されている金額

　　　　**簿価＝当初購入価額から減価償却費を差引いた金額

　　上記の場合

> 所得＝500万円(売上)－400万円(原価)＝100万円(利益)

この機械譲渡に伴う所得100万円を他の事業所得と通算した法人全体の課税所得に対して法人税が課税されます。

現在の一般的な法人実効税率（地方税などを考慮した法人全体の所得にかかる税率）は32.1％程度と考えられますので，上記の取引だけをピックアップすると32万１千円の法人課税が生じることになります。

第4章　医療事業承継に関係する税制の概要

(ケース2)　上記1のケースで適正な時価以外，例えば0円で譲渡した場合。
　上記(ケース)1の機械譲渡代金　0円とした場合

> 所得＝0円(売上)－400万円(原価)＝－400万円(損失)

　この所得(損失)と他の事業所得を通算した法人全体の課税所得に対して法人税が課税されます。

　一見すると損失が発生したことにより法人税が少なくなるように思えますが，取引価額が適正な時価以外なため以下のような特殊な取り扱いが行われる可能性があります。

(ケース3)　上記2のケースで相手が法人の場合

イ）　譲渡した法人における取扱…寄付金とみなされて損金にならない

　本来であれば受け取ることができた金額を受け取らなかったことは，相手方にその金額を寄付したのと同じ行為とみなされます。

　寄付金は損金に算入できる金額の限度が設定されていますので，寄付金と認定された金額の一部は損金にできない可能性もあります。つまり，この取引によって損が生じたからといって，法人税は減少しないこともあるということです。

ロ）　譲受けた法人における取扱…受贈益として課税されます

　本来であれば500万円払わなければ入手できない機械を0円で取得したことは，500万円をもらったことと同じ取引とみなされてしまいます。この500万円は受贈益として譲り受けた会社の法人税の課税所得に含まれます。仮に他の事業所得がマイナス100万円であってもこの500万円と通算して400万円の課税所得が生じて法人税を納付することになってしまいます。

（ケース４）　上記２のケースで相手が個人の場合
　イ）　譲渡した法人の取り扱い…譲受人の性格によって損金にならない
　　　譲受人が法人の理事長など役員本人、あるいはその親族などであった場合にはその役員に対する賞与を支給したのと同じ行為とみなされます。役員賞与は損金に算入できませんので、（ケース３）のイ）と同様、この取引によって損が生じたからといって、法人税は減少しないことになります。
　ロ）　譲受人の取り扱い…所得税が課税されます。
　　　イ）で損金にならないケースでは、賞与として認定を受けた役員に対して、賞与を支給したものとみなして所得税が課税されます。

法人取引に課されるその他の税金

　以上の説明は、法人の所得に国が課税する法人税についてのみ考慮していますが、法人税の対象となる法人については、地方税（住民税、事業税）、また、上記ケースのように機械や建物など消費税課税対象となる譲渡を行った場合には消費税が課税されます。

２　所　得　税

持分所有者に対するみなし配当課税—持分の払戻し—

　持分所有者が医療法人からその「**出資持分の払戻し**」を受けた場合には配当所得課税を受ける可能性があります。医療法人持分の評価額は出資金額のほかに、医療事業で蓄積された剰余金や保有資産の含み益なども反映した価額により評価されます（P77参照）。払戻金は適正な評価額に基づいて支払われますので、過去の医療事業により稼得された剰余金や保有資産の時価が上昇することにより、適正な評価額が当初出資額を上回る場合には下記算式により算出されたみなし配当金額に対して所得税が課税されます。

> 払戻しによる受領金額－当初の出資金額＝みなし配当金額

つまり持分に出資額以上の含み益がある場合にはその含み益部分に対して，払戻しを受けた出資者に対して配当所得課税が生じることになります。また配当を支払った医療法人には配当に対する源泉税の徴収義務が生じます。

3 贈 与 税

医療法人を大きく二つに分類すると，持分の定めの有無で分類することができます。両者の違いは以下のようにまとめることができます。

医療法人類型	持分払戻し請求権	残余財産分配請求権
持分の定めのある医療法人 (出資限度額法人)	有り (出資額を限度に有り)	有り (出資額を限度に有り)
持分の定めのない医療法人 (基金拠出型医療法人)	無し (拠出基金の返済債務有り)	無し (拠出基金の返済債務有り)

「持分」とは

医療法人の持分には当初の出資金額に加えて，医療法人に蓄積された，過去の医療事業により稼得された剰余金も含まれます。

さらに，贈与税，相続税における持分の評価額は後述（P.77）の通り，保有する資産の時価（含み損益）や，類似する法人の評価額などをも反映した価額となります（「医療法人の出資持分（財産評価基本通達）」）。

「持分」の贈与

「持分」に対する「払戻し請求権」，「残余財産分配請求権」が認められているということは，出資者はその出資割合に応じて「持分」に対して財産権を保有することになります。この財産権の贈与・相続に対して贈与税あるいは相続税の対象となります。

（1） 贈与税の対象となる持分の移動

a）持分の定めのある医療法人出資者が他の出資者に自分の持分を贈与する。

A，B，Cの3名が出資している医療法人で，出資者Aがその持分をBまたはB，C双方に贈与した場合には，その贈与した持分の評価額に対して贈与税が課税されます。

《現状》

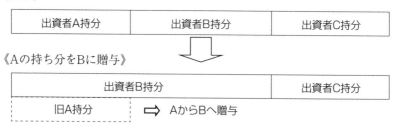

受贈者BはAから贈与された旧Aの持分の評価額に対して贈与税が加税されます。

b）持分の定めのある医療法人の出資者が自分の持分を放棄する

上記a）のケースでAがその持分を放棄（払戻請求権の放棄）すると，出資の払戻しは行われないので出資額に変動は生じませんが，その出資額に対するBとCの持ち分が従来の持ち分割合に応じて増加することになります（Aの放棄により受けた利益＝経済的利益といいます）。

《現状》

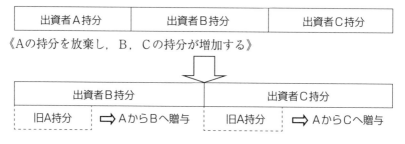

B，CはAが無償で放棄した持分を，それぞれの持ち分割合に応じて贈与を受けたのと同じ結果となります（出資者間贈与）。そこで，B，Cはそれぞれ増加した持分をAから贈与されたものとして，Aの放棄により受けた経済的利益（増加持分）の評価額に対して贈与税が課されます。

c）持分のない医療法人への移行に伴う移行後の法人に対する贈与税課税

　持分の定めのない法人への移行手段として，
① 定款変更により出資者がその持分を放棄する場合
② 出資者が出資金を基金として拠出し基金拠出型医療法人へ移行する場合

が考えられますが，いずれの場合も移行後の法人への贈与があったものとみなされる可能性があります。下記(2)贈与税の概要でも記載していますが，本来贈与税は個人間の贈与に対して課されるものですが，例外的に相続税法の規定に，「持分の定めのない法人」に対して財産の贈与または遺贈があった場合で，贈与者（出資者）の親族や特別の関係のある者の相続税や贈与税を**「不当に軽減する」**ことになると認められる場合には，贈与を受けた「持分の定めのない法人」を個人と見なして贈与税が課税されることになります。

　「不当に軽減する」とみなされない条件としては以下の項目が定められています。

　（ア）　組織運営が適切であること。
　（イ）　役員のうち親族関係者等が3分の1以下であること。
　（ウ）　贈与者等に対して特別の利益を与えないこと。
　（エ）　解散時の財産が国等に帰属する定めが定款に行われていること。
　（オ）　公益に反する事実がないこと。

　このうち（ア）の要件として医療事業が社会的存在として認識される程度の規模を有していることが必要とされ，その規模は社会医療法人などと同

じ程度とされています。この要件は一人医療法人や小規模医療法人にとっては厳しい要件となっています。また(イ)についても,同族関係者が経営する小規模法人には馴染みにくい要件と思われます。

d)「出資限度額法人」の取扱い―税務上の評価は出資額を限度としない―

既述の通り,出資額限度法人は「**出資額を限度**」に持分払戻し請求権と残余財産分配請求権を定款で認めた法人です。

ところが相続税の評価額は上記の「財産評価基本通達」に基づいて計算した額になります。したがって,出資金額だけではなく剰余金や含み益なども含んだ評価になります。相続時に出資額を限度として払戻しが行われた時はその払戻額が相続評価額となりますが,残存出資者あるいは医療法人への**贈与とみなされて贈与税課税**が生じる可能性があります。このみなし贈与税課税を受けないためには,以下の要件を満たす必要が有ります。

出資者の3人及びそのものと親族等特殊関係を有する出資者の出資金の合計額が出資総額の50%以下であること
社員の3人及びその者と親族等特殊関係を有する社員の数が,総社員の50%以下であること
役員のそれぞれに占める親族等特殊関係がある者の割合が3分の1以下であることが定款で定められていること。
社員,役員またはこれらの親族等に対し特別な利益を与えると認められるものでないこと。

これらの項目は,同族経営の色彩の強い小規模医療法人にとっては厳しい要件と考えられます。

(2) 贈与税の概要
1) 贈与税の性格

- 個人間で贈与があった場合，受贈者に贈与税が課税されます。
- 贈与税は相続税を補完するための税制といわれています。

4．相続税（74ページ）で説明しますが相続などで財産を取得した場合には相続税が課税されます。ところが，相続する財産をあらかじめすべて贈与してしまうと相続税の課税が出来ません。そこで，相続税が課税されなくなってしまう部分を補完するために贈与時点で課税する制度が贈与税です。

2) 贈与の意義

- 贈与者，受贈者双方の合意が必要な契約です。
- 贈与を認めず相続財産と見なされる可能性もあります。

民法549条によれば贈与は無償で財産権を相手方に移転させる契約のことです。この契約は契約当事者，「**あげる方（贈与者）**」と「**もらう方（受贈者）**」の**双方の合意**が必要とされています。受贈者がもらった認識の無い一方的な贈与は無かったものと見なされてしまうこともあります。親が株式を生前贈与したつもりでも子供に**もらった認識**がなければ贈与は無かったものとして，**親の相続発生後に相続財産として加算**されることもあります。

贈与を正しく成立させるためには，

- 贈与税の申告をする。
- 贈与契約の書面を残す。
- 財産をもらった子供が贈与された財産を自分で保管・管理している。
- 贈与契約書に捺印した印鑑を自分で保管・管理している。
- 贈与された財産から生じた収益（配当，家賃など）を申告している。

といったことを行うことにより，財産をもらった子供が贈与をきちんと認識していることを証明するような事実関係を残しておくことが必要です。

3） 納税義務者

- 財産の贈与を受けた個人（自然人）が贈与税を負担します。
- 持分の定めのない法人も個人と見なして納税義務者となるケースがあります。

① 無制限納税義務者と制限納税義務者

贈与税の納税義務者は財産を贈与された個人（受贈者）です。納税義務者は原則として財産所在地が国の内外を問わずすべての財産に課税されます（無制限納税義務者）。ただし，以下の場合には日本国内財産にのみ課税されます（制限納税義務者）。

制限納税義務者
- 日本国籍がなく日本に住所を有しない場合。
- 日本国籍はあるが贈与者・受贈者のいずれかが贈与前5年以内に日本国内に住所が無かった場合。

② 個人と見なされる法人

法人であっても以下の場合には個人と見なして贈与税の納税義務者となる可能性があります。

贈与税の納税義務者となる法人
- 持分の定めのない法人。
- 贈与者の親族その他これらのものと特別の関係のある者の相続税・贈与税を不当に軽減する結果となる場合。

（第3章1．(57ページ) で紹介されている）**医療法人のうち持分の定め**

のない**社団，財団，基金拠出型**の医療法人については上記の取扱の適用が生じることがあります。

4） 贈与税額の計算

- 受贈財産－控除額＝課税財産額
- 課税財産額×税率＝贈与税額

① 贈与財産の評価額

医療法人の出資金の移動に伴う贈与財産の評価については後述（P.77）の「医療法人出資の評価」を参照してください。

② 控除額

贈与された財産の評価額から控除される項目は以下のようなものです。

ⅰ）基礎控除額：110万円

ⅱ）非課税財産

- 法人からの贈与により取得した財産（所得税が課税）。
- 扶養義務者からの教育費・生活費等。
- 社会通念上相当額の祝い金・見舞金。

等が限定的に定められています。

③ 税　率

一般			20歳以上の者が直系尊属から受贈		
課税価格	税率	控除額	課税価格	税率	控除額
200万円以下	10%	—	200万円以下	10%	—
300万円以下	15%	10万円	400万円以下	15%	10万円
400万円以下	20%	25万円	600万円以下	20%	30万円
600万円以下	30%	65万円	1,000万円以下	30%	90万円
1,000万円以下	40%	125万円	1,500万円以下	40%	190万円
1,500万円以下	45%	175万円	3,000万円以下	45%	415万円
3,000万円以下	50%	250万円	4,500万円以下	50%	640万円
3,000万円超	55%	400万円	4,500万円超	55%	400万円

4　相続税

　持分の定めのある医療法人の出資者が死亡した場合，その出資金及び持分に応じた剰余金に対して相続税が課税されます。

(1)　相続税の意義

> 　相続の発生により財産が移動する場合に，その移転する財産に対して課税される税金です。

　人の死亡により相続が発生します。相続の発生により財産が移転するケース

は以下のケースです。

- 「相続」
- 「遺贈」（遺言によって財産的な利益を与えること）
- 「死因贈与」（「自分が死んだら〇〇を贈与する」といった不確定期限付き贈与契約）
- 「贈与（前述の相続時精算課税制度を選択したもの）」

これらを原因として移転した財産の取得者に対して相続税が課税されます。

(2) 納税義務者

相続税の納税義務者は(1)により財産を取得した個人（相続人）です。納税義務者は原則として財産所在地が国の内外を問わずすべての財産に課税されます（無制限納税義務者）。ただし、以下の場合には日本国内財産にのみ課税されます（制限納税義務者）。

制限納税義務者
- 日本国籍がなく日本に住所を有しない場合。
- 日本国籍はあるが被相続人・財産取得者（相続人）のいずれかが相続開始前5年以内に日本国内に住所が無かった場合。
---

(3) 相続税課税財産・非課税財産

相続税課税財産
- 被相続人が相続時に所有する財産
- みなし相続財産
- 相続時精算課税制度により被相続人から取得した財産
- 相続開始以前3年以内に被相続人から贈与により取得した財産

- 贈与税の納税猶予を受けた非上場株式等

① 相続時に所有する財産

　ここで財産とは，金銭に見積もることが出来る経済的価値のあるすべてのものとされています。主なものを以下に例示します。
- 土地，借地権，建物などの不動産
- 医療機器，診療設備，医療未収金，医薬品などの医療事業用財産
- 有価証券，現金，預金，持分の定めのある医療法人の出資金
- 家庭用財産，自動車，貴金属，書画骨董

等です。

　被相続人が医療法人の出資者である場合には，医療法人に所有権が帰属する医療事業用財産は相続財産から除外されます。

　ただし，持分の定めのある医療法人の場合にはその持ち分（出資金＋剰余金）が相続財産に含まれることになります。

② みなし相続財産

　上記①には該当しない場合でも，実質的に相続等により取得したと同じ経済的効果を認められるものについては相続税の課税財産と見なして相続税が課税されます。主なものを例示します。
- 生命保険金，生命保険契約に関する権利
- 退職金，功労金
- 信託に関する権利，定期金に関する権利

等です。

③ 非課税財産

　原則としてすべての相続財産は相続税の課税対象となりますが，公益性，社会政策的見地から非課税とされる財産があります。主なものを例示します。

第4章 医療事業承継に関係する税制の概要

> 非課税財産の例示
> - 墓地，霊廟，仏壇・仏具
> - 公益事業用財産
> - 相続人の受け取った保険金，退職金の一定金額
> - 申告期限までに国，特定公益信託等に寄付した金銭

(4) 課税財産の評価「医療法人出資」の評価

相続税課税財産は相続時の価格によって評価されます。それぞれの課税相続財産の評価方法については「財産評価基本通達」とよばれる通達に規定されています。ここでは詳細な各財産の評価については省略しますが，**出資持ち分の定めのある社団医療法人の出資持分の評価**について若干説明します。

同通達194-2「医療法人の出資の評価」によれば出資持分は①純資産価額方式，②類似業種比準価額方式，③上記①，②の組み合わせ方式，のいずれかにより評価するものとされています。

一般の取引所の相場の無い株式の評価に準じますが，医療法人は剰余金の配当が禁止されている，議決権が平等等の特色があるため若干異なる点があります。

① 純資産価額方式

純資産価額方式による評価方法は，下記の算式により評価します。

$$評価額 = \frac{相続税評価額による総資産価額 - 相続税評価額による負債合計額 - 評価差益に対する法人税相当額※}{一口50円とした場合の出資口数}$$

※ 評価差益は，相続税評価額による純資産価額から帳簿上の純資産価額を控除した金額で，マイナスの場合はゼロとして計算します。また，法人税率は38％により算定します。

② 類似業種比準価額方式

類似業種比準価額方式による評価方法は，下記の算式により評価します。

$$評価額 = 類似業種の株価 \times \frac{\dfrac{医療法人の利益金額}{類似業種の利益金額} \times 3 + \dfrac{医療法人の純資産価額}{類似業種の純資産価額}}{4} \times 斟酌率$$

(注1) 評価法人の利益金額，純資産価額は一口当たりの金額。
(注2) 斟酌率は，大会社0.7，中会社0.6，小会社0.5として計算。
(注3) 分母の「4」は，評価法人の利益金額がゼロでも「4」となる。
(注4) 類似業種の株価は，業種番号117（個別通達・平成23年分の場合）の「医療・福祉」を適用

業種目は「その他の産業」（同通達）

③ 組み合わせ方式

上記①と②で計算された評価額を特定の比率で加重平均した評価額を採用する方式です。

どの方法を採用するか，どのような比率で加重平均するかについては医療法人の規模（総資産価額あるいは従業員数）により定められています。

(5) 相続税の税額計算

相続税の一般的な税額計算は，下記の順序で算定されます。

① 課税価格の計算

相続税の課税価格は，相続や遺贈及び相続時精算課税の適用を受ける贈与によって財産を取得した人ごとに下図のように計算します。

財産を取得した人とは相続人だけでなく，遺贈によって財産を取得した第三者や，相続を放棄した人で生命保険金を受け取った人なども含まれます。

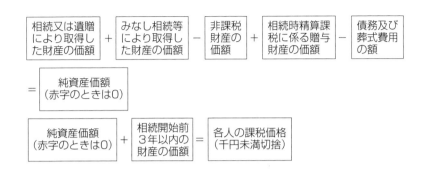

② 相続税の総額の計算

i）上記①で計算した各人の課税価格の合計額から基礎控除額を差し引いて，課税される遺産の総額を計算します。

課税価額の合計額－基礎控除額＝課税遺産総額
基礎控除額：3,000万円＋600万円×法定相続人の数

ii）課税遺産総額を各法定相続人が民法に定める法定相続分に応じて取得したものとして，各法定相続人の取得金額を計算します。

課税遺産総額×各法定相続人の法定相続分＝法定相続分に応ずる各法定相続人の取得金額（千円未満切り捨て）

iii）上記 ii）で計算した各法定相続人ごとの取得金額に税率を乗じて相続税の総額を算出します。

法定相続分に応じる各法定相続人の取得金額×税率(*1)＝算出税額

(*1)

法定相続人の取得金額	税率(%)	控除額(万円)
1,000万円以下	10	－
1,000万円超3,000万円以下	15	50
3,000万円超5,000万円以下	20	200
5,000万円超1億円以下	30	700
1億円超2億円以下	40	1,700
2億円超3億円以下	45	2,700
3億円超6億円以下	50	4,200
6億円超	55	7,200

③ 各相続人ごとの相続税額の計算

上記②で算出した相続税の総額を、財産を取得した人の課税価額に応じて割り振り、財産を取得した人ごとの税額を計算します。

> 相続税の総額×各人の課税価格÷課税価格の合計額＝各相続人の税額

④ 各相続人の納付税額の計算

上記③で計算した各相続人の税額から各種税額控除額を差し引いた残りの額が各相続人の納める税額になります。

なお、財産を取得した人が一親等の血族（父母または子）配偶者以外の人であるときは、税額控除差し引く前の相続税額にその20％相当額を加算することになります。加算後、各種税額控除等を下記の順序で差し引き各相続人の納付する相続税額が確定します。

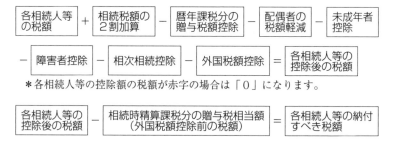

＊各相続人等の控除額の税額が赤字の場合は「0」になります。

5　持分の定めのある社団医療法人から基金拠出型医療法人への移行

(1)　移行のメリット

「持分の定めのない医療法人」は、医療制度改革の一環として医療法人の非営利性を強調する趣旨から創設されたものです。従来型の「持分の定めのある社団医療法人」は剰余金の配当こそ制限されていますが、「3. 贈与税」で説明した通り、退社時や解散時に持分払戻請求権や残余財産分配請求権が認め

られていることから結果として医療法人の剰余金を受け取ることが可能な組織になっています。このような財産権に由縁する営利性を排除する目的で創設されたのが持分のない医療法人です。

医療法人の公共性，非営利性を普及するために「持分の定めのない医療法人」への移行が認められており，移行することにより，財産権は放棄することになりますが，前述したような持分に対する贈与税あるいは相続税課税は行われないことになります。

(2) 移行の問題点

ただし，移行時においても以下のような課税上の問題点が生じる場合があります。

① 配当所得課税

2．所得税で説明した「みなし配当課税」が行われます。

出資金の簿価が100万円，時価が1,000万円とした場合に，この出資金を時価で基金に拠出した場合差額の900万円は配当所得に該当し出資に対して課税され，法人は源泉徴収義務を負うことになります。

② 贈与税課税

①の配当金課税を受けないために，簿価で基金に拠出すると3．-(1)-c）において説明した時価との差額を法人に寄付したことになってしまいます。

(3) 移行の条件

上記(2)の制約を考慮すると移行前の医療法人の剰余金が少ない状態あるいはマイナスの状態で移行することが移行のメリットを享受しやすいということになります。

また，移行の問題点が税制面に多く，医療法人形態の移行があまりにも少

いことから，経過措置型医療法人の移行を促進するために，税制面での優遇措置が創設されています。

第5章　医療法人の持分にかかる相続税および贈与税の特例

1　制度の概要

対象	持分なし法人への移行計画を厚生労働大臣に認定された経過措置型医療法人
納税の猶予	移行計画期間中に発生した相続税，贈与税の納税を猶予されます。
猶予税額の免除	持分なし医療法人への移行終了により，猶予されていた相続税，贈与税が免除されます。

(1)　導入の趣旨

　平成18年医療法改正後に持分なし医療法人への移行が進展しないことで，平成26年医療法改正において移行を促進する支援策として厚生労働大臣による移行計画の認定制度が創設されました。移行計画の認定を受けて医療法人に様々な支援を実施したり，特典を与えることにより移行法人を増やそうとする趣旨でした。

　その支援策の一環として，税制面から経過措置型医療法人の納税負担を軽減することでより円滑な移行を実現する手段として「相続税」と「贈与税」の猶予制度が導入されました。

(2) 制度の概要

　移行計画期間中に出資者が死亡すると，持分相続人に相続税の納付が生じます。また，出資者の一部が先行して持分放棄をすると贈与税の納付が生じます。納税資金が不足した場合には，出資持分の払戻しにより資金確保せざるを得ない状況も想定されます。持分払戻しにより移行計画の達成が困難になることを防止するために，相続税の納付を猶予し，計画遂行の時間を確保し，円滑に計画を遂行できるように配慮した制度です。

「納税猶予制度の概要」

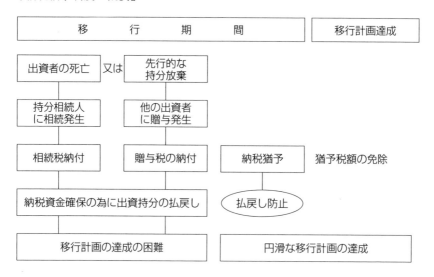

(3) 認定医療法人とは

　(1)に記載した通り「持分あり医療法人」が「持分なし医療法人」へ移行することを支援するために，移行の計画を厚生労働大臣から認定を受ける制度が創設され，この認定を受けた医療法人を「認定医療法人」と称します。

　移行計画の認定から持分なし医療法人への移行までのながれは下表のとおりです。

第5章 医療法人の持分にかかる相続税および贈与税の特例

「認定から移行までの流れ」(厚生労働省HPより引用,一部修正)

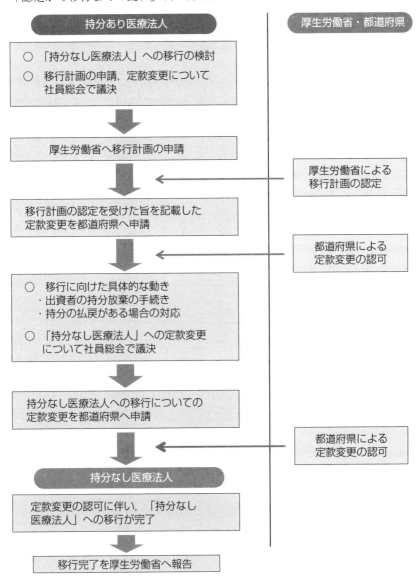

この移行計画の認定制度が実施されるのは平成26年10月1日から平成29年9月30日までの3年間とされています。また，移行計画の認定を受けた医療法人は，認定の日から3年以内に持分なし医療法人へ移行することになっています。

2　医療法人の持分にかかる経済的利益についての贈与税の特例

(1) 概　　要

　認定医療法人の持分を所有する個人（贈与者）が，その持分の一部または全部を放棄したことにより，その認定医療法人の持分を有する他の個人（受贈者）に対して贈与税が課税される場合には，贈与税の申告期限までに納税猶予税額に相当する担保*を提供した場合に限り，移行期限までその納税が猶予されます。

P.68にも記載した図です。

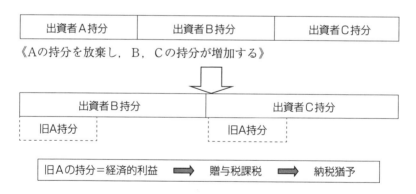

　Aが持分を放棄することによって，B，Cの持分が増加して経済的利益を受けています（上図の旧A持分）。この経済的利益に対して通常は贈与税が課税され放棄があった日**の属する年度の確定申告により納付する必要が有ります。

この納付を移行期限まで猶予することとされています。

*担保の提供：この特例を受けるためには猶予された贈与税額相当の担保を提供する必要が有ります。担保の対象や手続きについては国税通則法の規定によりますが，受贈者の保有する認定医療法人の持分のすべてを担保として提供した場合には猶予額相当の担保提供があったものとみなされます。

**放棄の日：・放棄の書面を認定医療法人に提出した日，あるいは
・書面に記載された放棄の日。
・書面がない場合……厚生労働大臣に提出した《出資持分状況報告書》に記載された日。

(2) 猶予期限の確定

以下の事実が生じた場合には移行期限以前でも納付期限が確定，つまり猶予期限が経過したものとして納付の必要が生じます。

受贈者が持分に基づき出資額に応じた**払戻しを受けた場合**
受贈者が**持分の譲渡**をした場合
移行**期限までに移行をしなかった場合**
厚生労働大臣の認定が取り消された場合
認定医療法人が**解散**した場合
認定医療法人が**合併により消滅**した場合

(3) 納税猶予税額の免除

下記の表の事由が生じた場合には右欄の猶予税額の納付が免除されます。

事　　　　由	免除税額
受贈者が有している特例適用対象認定医療法人の持分のすべてを放棄した場合	納税猶予贈与税額
認定医療法人が基金拠出型医療法人へ移行する場合，持分の一部を放棄して残余の金額を基金拠出型医療法人の基金として拠出した場合	納税猶予贈与税額－基金拠出対応部分の猶予贈与税額

3 医療法人の持分についての相続税の特例

(1) 概　要

> 持分の定めのある医療法人（相続税申告期限において認定医療法人であることが条件）の持分を有していた**他の個人から相続または遺贈によりその持分を取得**した個人が納付すべき相続税額のうち，当該持分に相当する相続税については，認定移行計画の移行期限まで納税が猶予されます（納税猶予税額に相当する担保*を提供することが要件になります）。

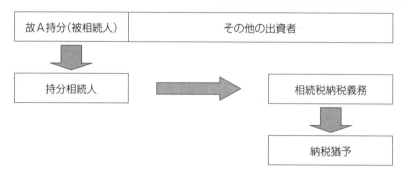

　故Ａの持分を相続した個人は，その持分が相続税の課税対象となる相続財産を構成することになりますが，認定医療法人については，その相続持分に対応する税額の納付を猶予されます。

＊担保の提供については贈与税の特例の説明と同様です（P.87）。

(2) 適用除外

この特例は以下の場合には適用されません。

相続税提出期限までに当該持分の払戻しを受けた場合。
相続税提出期限までに当該持分の譲渡をした場合。

(3) 猶予期限の確定

以下の事実が生じた場合には移行期限以前でも納付期限が確定，つまり猶予期限が経過したものとして納付の必要が生じます。

相続人が持分に基づき出資額に応じた**払戻し**を受けた場合。

相続人が**持分を譲渡**した場合。

移行**期限までに移行**しなかった場合。

厚生労働大臣の**認定が取り消された**場合。

認定医療法人が**解散**した場合。

認定医療法人が**合併により消滅**した場合。

(4) 納税猶予税額の免除

下記の表の事由が生じた場合には右欄の猶予税額の納付が免除されます。

事　由	免除税額
相続人が有している特例適用対象認定医療法人の持分のすべてを放棄した場合。	納税猶予相続税額
認定医療法人が基金拠出型医療法人へ移行する場合，持分の一部を放棄して残余の金額を基金拠出型医療法人の基金として拠出した場合。	納税猶予相続税額－基金拠出対応部分の猶予相続税額

(5) 税額計算の具体例（厚生労働省HPより引用，一部補足）

【事例】
・相続人は1名
・相続財産
　イ　認定医療法人の出資額　　　　　　　　　：1,000万円
　ロ　当該認定医療法人持分評価額持分評価額：2億円
　ハ　その他の財産　　　　　　　　　　　　　：1億円
・認定医療法人持分について納税猶予の手続きを行い，出資持分をすべて放棄して以降期間内に持分なし医療法人に移行する。

ステップ1．すべての相続財産から税額を算出	
① 課税財産　相続財産3億円(ロ＋ハ)－基礎控除(3,000万円＋600万円×1) 　　　　　＝2億6,400万円	
② 税額計算　2億6,400万円×45%(税率)－2,700万円(控除額)＝9,180万円	
ステップ2．出資持分のみの税額を算出	
① 課税財産　2億円－(3,000万円＋600万円×1)＝1億6,400万円	
② 税額計算　1億6,400万円×40%－1,700万円＝**4,860万円**（**納税猶予額**）	
ステップ3．納付税額	
9,180万円－4,860万円＝4,320万円	
ステップ4．持分なし医療法人に移行時	
猶予税額4,860万円　　　　　納税免除	

あ と が き

　2015年10月7日の新聞報道等によりますと，2013年度に使われた医療費は，前年度より8,493億円（前年度比2・2％増）増加し，40兆610億円に至りました。厚生労働省7年連続で増加し続け，遂に40兆円を超えてしまいました。背景には，人口の高齢化や医療技術の高度化があります。1人当たりの医療費も2・3％増加し，31万4,700円になったと厚生労働省が公表しました。
　なお，これは国民医療費のみの金額であり，公的な医療保険と税金，患者の負担を合算したものにすぎません。予防医療の側面である，健康診断や予防接種などは含まれておらず，実態はもっと発生していることを示しています。
　医療費の上昇にどう歯止めをかけるか，喧々諤々している中，医療費抑制に主眼を置いた日本版IHN構想が閣議決定されました。日本版IHNについて，本書ほど深く記載された書籍はあまりないと思われます。
　そもそも，IHNは，アメリカが日本の公的医療保険制度に研究を積み重ね，アメリカの医療保険制度にマッチさせたものです。
　日本では，それを逆輸入する形となっているのが，面白い点です。藁をもすがる，そう言っても過言でないほど，日本の医療はコスト的にはもちろん，医療現場の従事者のマンパワー的にも限界を迎えようとしています。
　そもそも理念や考え方が異なる医療機関を地域が一緒だから連携しなさいというのは，無茶な話ではあります。逆に，理念や考え方を共有しうる医療機関が地域連携すれば，その効果は計り知れないとも思われます。
　また，医療費抑制には，日本版IHNのような枠組みもさることながら，医療現場のインフラ整備が必要です。本書で取り上げているCDMでは，レセプトデータを取るための電子カルテとはまったく異なる情報，医療の発展及び効

率化（医療費の削減）をもたらすアウトカムを得ることが出来るようになります。このアウトカムを集計分析することで，従前の電子カルテからは取れなかったデータが取れます。このデータが二次利用されることで，医療が飛躍的に発展することが期待されます。

　最後に，医療費削減には，医療経営者が自己の経営に関してもっと注力を傾ける必要もあります。病院やクリニックが赤字であるならば，その現実を真摯に向き合う必要があります。

思い出深き茅場町にて
公認会計士　安田憲生

引用文献

(1) 厚生労働省　第5回医療法人の事業展開等に関する検討会 資料2
(2) 厚生労働省　第39回社会保障審議会医療部会 資料1-1，資料1-2
(3) Mayo Clinic Official Site
 　http://www.mayoclinic.org/
(4) 吉原　健二「医療経営白書 2014-2015年度版」日本医療企画
(5) 厚生労働省 保健医療2035
 　http://www.mhlw.go.jp/seisakunitsuite/bunya/hokabunya/shakaihoshou/hokeniryou2035/
(6) 厚生労働省 医療法人の事業展開等に関する検討会 取りまとめ資料
(7) 二本　立 「安倍政権の医療・社会保障改革」頸草書房
(8) 厚生労働省 第7回 医療法人等の事業展開等に関する検討会 参考資料 第2回産業競争力会議実行実現点検会合資料4
(9) 厚生労働省 第8回 地域医療構想策定ガイドライン等に関する検討会 資料
(10) OECD各種統計データ　http://www.oecd.org/
(11) 富士通総研経済研究所 研究レポート No.171
(12) キャノングローバル研究所 IHN 日本版ヘルスケアネットワーク日本版の可能性 2011 June
(13) UPMC Official Site
 　http://www.upmc.com/Pages/default.aspx
(14) OECD Reviews of Health Care Quality
 　http://www.oecd.org/els/health-systems/ReviewofHealthCareQualityJAPAN_ExecutiveSummary.pdf
(15) 厚生労働省 第1回地域医療構想策定ガイドライン等に関する検討会 参考資料
(16) 厚生労働省 第3回医療法人の事業展開等に関する検討会 資料1
(17) 健康医療戦略推進本部 第1回次世代医療ICT基盤協議会 配布資料
(18) 第2回 産業競争力会議資料

著 者 紹 介

德永　信（とくなが　しん）　第4章，第5章担当
公認会計士，税理士
公認会計士德永信事務所代表
宗和税理士法人代表社員
1981年　公認会計士登録
1987年　税理士登録
監査法人トーマツ（現有限責任監査法人トーマツ）勤務（東京事務所，豪州シドニー駐在員）を経て
1987年　公認会計士德永信事務所開設
2008年　宗和税理士法人設立，代表社員就任
公認会計士事務所においては，株式会社，公益法人，学校法人などの監査業務，財務デュー・デリジェンス業務，内部統制調査業務などに従事。
宗和税理士法人においては，法人及び個人の所得税・消費税に関する相談・申告などの一般業務，相続・贈与，譲渡所得等の資産税業務に関する相談・申告などの一般業務をはじめとして，事業再生・M&Aに係る税務デュー・デリジェンス，組織再編成業務などのサービスを包括的に提供している。

安田　憲生（やすだ　のりお）　第2章，第3章担当
公認会計士
中央大学商学部卒業　川北博ゼミ
太田昭和監査法人（現　新日本有限責任監査法人）入所後，アーンストアンドヤング・トランザクション・アドバイザリー・サービス株式会社にて財務デューディリジェンス業務に携わる。
現在，公認会計士德永信事務所，安田憲生公認会計士事務所にて，病院の監査をはじめ監査のみならず，経営に携わるアドバイザリー業務を通じて，事業価値の向上に寄与している。
また，医療情報を次世代医療に活用すべく講演や勉強会等に勤しんでいる。
HP:http://yasudacpa.vpweb.jp/

金久保　貴子（かなくぼ　たかこ）　第1章担当
公認会計士
一橋大学経済学部卒業
あずさ監査法人（現　有限責任あずさ監査法人）入所後，国際部で国内外の企業の監査を担当する。またKPMGヘルスケアジャパン株式会社で医療法人のコンサルティング業務に携わる。現在，公認会計士德永信事務所，安田憲生公認会計士事務所にて，病院の監査や経営改善のアドバイザリー業務を行うとともに，社外の勉強会等に参加して医療について見識を深めている。

著者との契約により検印省略

平成28年1月10日　初版第1刷発行

次世代医療経営
地域医療連携推進法人制度とCDM

著　者	徳　永　　　信 安　田　憲　生 金　久　保　貴　子
発行者	大　坪　嘉　春
印刷所	税経印刷株式会社
製本所	株式会社　三森製本所

発行所　〒161-0033　東京都新宿区下落合2丁目5番13号
　　　　株式会社　税務経理協会

振　替　00190-2-187408
ＦＡＸ　(03)3565-3391
電話　(03)3953-3301（編集部）
　　　(03)3953-3325（営業部）
URL　http://www.zeikei.co.jp/

乱丁・落丁の場合は，お取替えいたします。

© 徳永　信・安田憲生・金久保貴子　2016　　　　Printed in Japan

本書の無断複写は著作権法上での例外を除き禁じられています。複写される場合は，そのつど事前に，(社)出版者著作権管理機構（電話 03-3513-6969，FAX 03-3513-6979，e-mail：info@jcopy.or.jp）の許諾を得てください。

JCOPY　＜(社)出版者著作権管理機構 委託出版物＞

ISBN978-4-419-06302-3　C3034